다시, 쓰는, 세계

쓰는, 세계

세계

다시, 쓰는, 세계

페미니즘이 만든 순간들

손희정 지음

오월의봄

쓰는 존재

2015년 2월, 사건이 터졌다. 한 10대 남성이 "나는 페미니스트가 싫어요"라는 말을 자신의 트위터 계정에 남기고 IS에 합류하기 위해 터키로 떠난 것이다. 이름 있는 남성 대중음악 평론가 K는 한 패션지에 '이 모든 것이 페미니즘 탓'이라는 내용의 칼럼을 기고한다. 그는 이 글에서 "콘돔의 발명으로 여성의 성이 온전히 자율권을 갖게 된 1960년대에 발생"한 페미니즘은 이제 "편의점 물티슈처럼 도처에 널려 있다"고 썼다. 그러면서 자기 밥 그릇 찾기에만 몰두하는 한국의 이기적인 페미니즘이 그를 터키로 보낸 것이나 다름없다고 설명했다. 〈IS보다 무뇌아적 페미니즘이 더 위험해요〉. 이 유명한 글의 제목이다.

　이 글이 트위터에 공유되자 많은 여성들이 분노했다. 팩트 기술記述부터 현실 진단까지, 맞는 내용이 거의 없었기 때문이었다. 무엇보다 1960년대에 페미니즘이 "발생했다"는 K의 기술과 달리 페미니즘은 그 시작을 아무리 짧게 잡아도 18세기 말까지 거슬러 올라간다. 페미니즘에서 가장 오래된 고전으로 꼽히는 메리 울스던크래프트의 《여성의 권리 옹호》가 출간된 것이

5

1792년이었다. 일반적으로 페미니즘 제1물결이라고 부르는 운동은 19세기에 본격적으로 시작된 여성 참정권 운동을 일컫는다. 그 이후로 1960~1970년대 페미니즘 제2물결을 지나, 1990년대 제3물결, 그리고 2010년대 이후 펼쳐지고 있는 전 세계적인 페미니즘 부흥을 제4물결이라고들 평가한다. 더불어 콘돔은 19세기부터 이미 공장에서 양산하기 시작했다는 사실도 언급할 필요가 있겠다. 1960년대에 대중화된 건 여성용 경구 피임약이다.

이어서 가짜를 진짜처럼 줄줄이 늘어놓는 이 글에 동조하는 안티 페미니스트들의 글에 반발하며 페미니즘은 근거가 있는 운동이자 실천적 이론임을 말하는 해시태그 운동이 시작됐다. 이것이 바로 '#나는페미니스트입니다'였다. 부글부글 끓고 있던 청년 여성의 불안과 분노가 K의 무책임한 글을 계기로 터진 셈이다. '#나는페미니스트입니다'는 여성들을 각성시키며 '메갈리아'의 탄생으로 이어졌다. 당시 트위터에 상주하고 있던 나는 이렇게 대중 운동이 폭발하는 순간을 그 흐름의 한가운데에서 목격할 수 있었다. 그리고 2015년 8월, 한 편의 글에서 "페미니즘이 리부트되었다"라고 진단했다.

이 일을 경험하면서 그때까지 깊게 생각하지 못했던 사실을 하나 깨달았다. "2015년 대한민국은 페미니즘에 대해 아무것도 모르는 사람도 페미니즘에 대해 아무 말이나 쓸 수 있는 그런 곳이구나." 그 이후, 열심히 썼다. 잘 모르면서 아는 척 사기를 치는 것만 아니라면 뭐든지 썼다. 그렇게 쓰고 또 쓴 첫 결과물이 2017년 출간된 《페미니즘 리부트》였다. 그리고 이제 두 번째로 《다시, 쓰는, 세계》를 내놓는다. 2016부터 2019년까지 《경향신문》 '직설' 코너와 2016년부터 2017년까지 《참여사회》 '여성' 코너에 연재했던 글들을 엮어 만들었다.

이 책의 제목도 '쓰는 행위'에 대한 고민에서 비롯된 것이다. 제목을 정하는 일이 쉽지 않았지만, "다시, 쓰는, 세계"라는 제목을 한번 떠올린 이후로는 다른 제목을 찾지 못했다. 한 인터뷰에서 "당신의 인생을 영화로 만든다면 꼭 들어갔으면 하는 키워드 세 개는 무엇인가?"라는 질문을 받았을 때에도 나는 '다시', '쓰는', '세계'라고 답했다. 정의롭지 않고 불평등한 세계를 다시 쓰기 위해 쉬지 않고 반복해서 쓰는 존재. 다소 과장되기는 했지만, 그런 모습으로 기록되고 기억되고 싶다.

다시—

돌이켜보니 늘 '다시'라는 단어를 좋아했던 것 같다. 왜인지 모르게 발음에서부터 고집과 단단함이 느껴진다. 이 말에는 '방법이나 방향을 고쳐서', '되풀이해서', '하다 만 것을 계속해서,' '다음에 또' 등의 의미가 담겨 있다. 안 되면 될 때까지, 방법을 바꿔서 해보고, 되풀이해서 해보고, 쉬었다 또 해보고, 이번에 안 되면 다음에 또 도전하는. 지금/여기에서 기어코 세계를 바꾸고 마는 사람들의 삶을 '다시'처럼 잘 설명해주는 말은 없다.

하지만 이 단어에는 드라마틱한 반전이 숨어 있다. '다시'

의 마지막 의미는 '이전 상태로 또'다. 사실 이 다섯 번째 의미야말로 다른 어떤 의미들보다 강력해 보인다. 우리가 사는 세계를 지배하는 힘이 관성과 탄성 아닌가. 관성은 현상을 유지하려는 힘이고, 탄성은 원래 상태, 운동 이전, 그 '이전 상태로 또' 돌아가려는 힘이다. 그런 탓에 역사란 진보가 아니라 '다시'의 무한 반복처럼 보이기도 한다. 한 걸음 내딛으면 두 걸음 뒤로 가고, 다섯 걸음을 앞으로 가도 하나의 폭력이 역사의 시계를 빠르게 뒤로 되돌린다. 정치학자 존 그레이의 말처럼 인간은 좀처럼 역사로부터 교훈을 얻지 못하고, 가까스로 얻은 지혜는 쉽게 산화된다.

출간 직전, 본문 디자인까지 다 끝난 상태에서 2부의 마지막에 〈A 하사와 함께 질문하자〉라는 글을 덧붙였다. 당시까지는 이름을 밝히지 않았던 트랜스젠더 여성 변희수 하사에 대해 쓴 글이다. 이건 2020년 1월 '직설'을 끝내고 새로 시작한 《경향신문》의 '지금/여기'에 기고한 칼럼이라, 이번 책에 넣을 생각이 없었다. 하지만 최근 벌어지고 있는 상황들을 보며 생각이 바뀌었다. 변희수 하사는 결국 대한민국 국군에 의해 강제전역 당했고, 숙명여대에 입학한 트랜스젠더 여성은 한국사회의 트랜스젠더 혐오 때문에 등록을 포기했다. 이 사태에서 가장 큰 목소리를 낸 것이 스스로를 페미니스트라고 주장하는 여성들이라는 사실이 무엇보다도 나를 고통스럽게 했다. 페미니즘은 한 사회에서 누가 주변으로 내몰리고 소수자가 되는가에 대해 사유하고 그 소수와 함께 확장해왔다. 그런 페미니즘을 자기 입맛에 맞게 편집하고 그 이름을 빌미로 차별을 실천하는 이들 앞에서 퇴보로서의 '다시'를 곱씹지 않을 수 없다.

그럼에도 불구하고 우리는 다시, 시작한다. 관성과 탄성의 '다시'를 무력하게 만드는 건 결국 새로운 세계의 도래를 포기하지 않는 '다시'이므로.

사실 지난 4년간 쓴 글들을 엮으면서 나는 의외로 낙관적이 되었다. 우리의 '다시'가 바꾸고 있는 세계의 흐름을 확인할 수 있었기 때문이고, 이 모든 '다시'들이 서로 완벽하게 분리되어 있다기보다는 복잡하게 얽혀 있음을 깨달았기 때문이다. 2016년 처음 칼럼을 쓰기 시작할 때 사용했던 '몰카'(몰래카메라. 지금은 '디지털 성범죄'로 재규정되었다) 같은 낡은 단어들이나, 지금이라면 다르게 썼을 내용들도 손보지 않고 그대로 둔 것은 당당하건 그렇지 않건 간에 우리가 걸어온 족적이 글 속에 고스란히 살아 있어서다. 기록으로서의 의미가 있을 거라 믿는다.

계속 버티고 쓴다는 것의 의미를 이번에 비로소 깨달았다. 독자들 역시 《다시, 쓰는, 세계》와 함께 그 변화를 실감해보시기를, 그리고 이 엄혹한 시기를 버텨낼 힘을 얻으실 수 있기를 바란다.

쓰는―

모든 것은 이야기다. 사람들은 주변에서 일어나는 일들을 이야기의 형태로 이해하고 소화하고 받아들인다. 그리고 그 이야기를 만드는 것이 우리의 관습적인 사고방식이자 상상력이다. 가장 진부한 이야기가 때로 가장 잘 팔리는 것은 이런 탓이다. 나는 칼럼을 통해 이야기를 다시 쓰고 싶었다. 그러기 위해서 익숙한 이야기의 구조를 선명하게 드러내 그 이면에 놓여 있는 욕망을 분석하고, 그렇게 새로운 이야기를 쓰는 다른 상상력은 가능하다고 말하고자 했다. '다시, 쓴다'는 건 지치지 않고 반복해서쓴다는 의미이기도 하고, 새롭게 쓴다는 의미이기도 하다.

그렇게 쌓인 글을 크게 네 개의 주제로 분류하여 묶었다.

1부 "자라지 않는 남자들과 남성연대"의 관심사는 '한국남성성의 신화', 즉 한국사회가 '보편인간=남성'을 상상하고 이를서사화하는 방식이다. 이 남성성의 신화에서 여성은 언제나 남성의 소유물, 부차적이거나 문제적인 존재, 혹은 남성의 조력자로 대상화된다. 여성을 비롯한 '비非 남성'을 역사의 외부로 손쉽게 추방하려는 이런 남성 중심적 상상력은 소수자의 존재를위협하고, 한국사회의 민주주의가 더 확장되지 못하도록 가로막는다. 소라넷과 한남 엔터테인먼트 분석에서 '아재 정치' 및정치 팬덤에 대한 비판까지, 범죄 행위와 대중문화, 그리고 정치를 아우르는 넓은 스펙트럼 안에서 이 남성성의 문제를 다뤘다.

2부 "해로운 말들 앞에서"는 '혐오의 시대'에 집중했다. 여성혐오를 비롯해 성소수자혐오, 탈정치, 포퓰리즘, 반지성주의등 그야말로 존재를 해치는 것들에 대해 썼다. 2008년 미국 발發

금융위기와 함께 시작된 대침체기 이후로 전 지구적 우경화가 급속히 확산되었고, 그로 인해 한국사회에도 본격적으로 혐오 시장이 열렸다. 혐오가 팔린다는 것은 다른 말로는 혐오가 정치의 자양분이 된다는 의미이기도 하다. 험하고 독할수록 더 많은 주목을 끌고, 그것이 돈과 표가 된다. 그리고 이는 말 그대로 생명을 죽이는 정치로 이어진다. 페미니스트 비평이 이 악순환의 고리 어디쯤을 깨고 들어갈 수 있을지 고민하고 답을 찾기 위해 노력한 과정이 2부에 담겨 있다.

그리고, 페미니스트들은 잘 싸우고 있다. 3부 "싸움이 열어 준 세계"는 2015년 이후 불타오른 대중 페미니즘 운동과 그 운동이 열어가고 있는 새로운 세계에 대한 스케치를 모았다. 이 책에 수록되어 있는 글들은 대체로 '어제' 터진 사건에 대해 바로 그 다음 날 대응하는 방식으로 쓰였다. 앞서 이야기했듯 그 당시의 생생함을 그대로 전달하기 위해서 특별히 수정하거나 부기하지 않았다. 다만 '낙태죄'와 '안희정 전前 지사 재판' 등에 관한 글만큼은 후기를 덧붙였다. 부득불 후기를 쓴 건 페미니스트 운동이 제자리걸음이 아니라는 걸 활자로 확인하는 즐거움을 독자와 나누고 싶어서였다.

마지막으로 4부 "삶이 저절로 계속된 것이었을까?"에서는 '혁명-이후'에 변화를 가능하게 하는 다시의 사유, 다시의 마음, 다시의 행동, 그리고 다시의 실천을 다루고자 했다. 사람들은 종종 '혁명의 순간'을 찬양하기에 바빠 어떻게 혁명이 가능해졌는지 그 과정을 잊거나, 혁명 이후에 변화를 어떻게 이어갈지 더 이상 생각하지 않는다. 그래서 2016년의 촛불광장이나 2019년의 낙태죄 헌법 불합치 판결과 같은 혁명적 순간에만 집중하고 그것이 '승리'라고 쉽게 단정짓곤 한다. 특히 정치인이나 언론처럼 마이크와 펜을 잡은 사람들이 그렇다. 그러나 혁명적 순간만큼이나 중요한 건 그 사건이 촉발한 변화의 계기를 일상의 변화로 이어가는 끈질긴 분투다. 우리가 성급한 환호와 "여성의 시대가 열렸다" 같은 과장에 만족해서는 안 되는 이유다. 4부에 모은 글들에서는 그렇게 '이후'의 시간들에 대해 썼다. 그 글들에는 내가 사랑하고 지지하는 것들에 대한 이야기가 많이 담겼다. 세상을 바꾸는 힘이 '무엇과 싸울 것인가'만큼이나 '무엇을 사랑할 것인가'에서 비롯되기 때문일 터다. 의도했던 건 아니지만 영화 이야기가 많다.

세계—

나에게 이런 글들을 쥐고 만나는 세계란 노력하고 싸우는 곳이다. 그리고 지키고 싶은 사람들이 함께하는 시공간이다. 그들 덕분에 날것의 의욕이 글이 되었다.

동시대 페미니스트 동료들에게 감사드린다. 내 글은 늘 부족하지만, 당신들의 말과 글 옆에 내 글이 놓일 것을 생각하면 든든하다. 2016년부터 저자로서의 가능성을 믿어준 오월의봄 박재영 대표님께는 감사의 마음과 함께 죄송함을 전한다. 단독 저서를 함께 내자는 약속을 지키는 데 시간이 좀 걸렸다. 물론 꼼꼼한 기획자인 임세현 편집자님이 아니었다면 그 약속을 끝내 못 지켰을지도 모르겠다. 이런저런 주제들을 정신없이 다루고 있는 글들을 분류하고 4부로 엮어준 건 임 편집자님이었다. 그에게 이 칼럼집을 내보라고 권유했던 친구 양선화에게 고맙다. 당신은 나에게 정의롭고 열정적인 사람의 얼굴, 그 자체다. 류진희, 오혜진, 허윤에게 고맙다. 칼럼 한 편을 완성하는 일이 그저 난망하던 시절부터 내 글을 읽고 길을 잡아주었다. 언제나 "괜찮다"고 용기를 주는 이지원에게도 고맙다. 당신은 세계와 나 사이의 완충지대다. 어느 사안 하나에서도 의견의 일치를 보지 못하면서도 언제나 열독자로서 응원해주시는 어머니, 아버지께 감사드린다.

마지막으로 엉덩이가 가벼운 내가 4년이나 버틸 수 있었던 건 독자들 덕택이다. 여러분께 드리는 감사의 말은 이 책으로 대신한다.

2020년 2월 8일
삼척에서 손희정

차 례

3 싸움이 열어준 세계

―― 지난 12월 말 SBS 〈그것이 알고 싶다〉 팀은 '위험한 초대
남-소라넷은 어떻게 괴물이 되었나' 편을 방송했다. 대한민국
최대 규모의 음란물 공유사이트인 '소라넷'에 대한 내용이었다.
소라넷은 1999년 개설되어 각종 포르노 이미지는 물론 몰래카
메라(몰카)◆와 더불어서 성범죄 정보가 공유되는 불법 사이트다.
회원수는 자그마치 100만. 울산광역시 인구수와 맞먹는다. 적지
않은 숫자가 소라넷에서 유통되는 '타인에 대한 폭력'을 별 문제
의식 없이 즐기고 있었다는 말이다. '위험한 초대남' 편 방송 후
인터넷 게시판 댓글 등을 통해 많은 남성들이 보였던 반응도 크
게 다르지 않았다. "그러니까 여자들이 조심해야 한다, 그게 남
자들의 본능이다, 소라넷을 문제 삼는 여자들의 방식이 더 문제
다" 등. 이처럼 우리는 버젓이 벌어지고 있는 범죄가 왜 범죄인

◆   2016년 1월 5일, 이 글을 쓸 당시에는 디지털 성범죄물이
라는 말이 일반적으로 사용되기 전이었으므로 '몰래카메라'라는
표현을 사용했다. 2020년 이 원고를 책에 실으면서 '몰래카메라'
라는 표현을 그대로 살려두는 것은 페미니스트 운동이 새로운 언
어를 만들고 기존에 사용되던 언어의 의미를 비워내는 그 역사적
현장을 기록해두고 싶어서다.

가를 설득하는 것 자체가 고된 일인 세상을 산다.

'위험한 초대남'에서 공포 그 자체였던 것은 소라넷의 소위 '베스트 작가'(잘나가는 게시자) 닉네임 '야노'의 등장이었다. 그는 일반 여성뿐 아니라 여자친구의 나체 '몰카'까지 소라넷에 게시했다. "얼굴 노출도 안 된 상태인데 피해가 큰가요?". '야노'는 천진하게 말한다. 그게 다가 아니다. 그는 나이트클럽에서 만난 여자를 '골뱅이'(술이나 약물 등에 의해 인사불성이 된 여성을 일컫는 은어)로 만들어 숙박업소에 데려다 놓고 그 위치를 소라넷의 다른 남성들과 공유한 뒤 '돌려가며 강간'했다고 증언했다. 명백한 성범죄다. 소라넷을 모니터링하는 단체에 따르면 이런 강간 모의는 하루에 적어도 2~3건 씩 올라온다.

소라넷의 다른 사용자는 이런 일이 어떻게 가능해지는지 설명한다. 그곳에서는 여성을 상대로 하는 범죄 행각이 비난의 대상이 되는 것이 아니라 오히려 영웅시된다는 것이다. 센 걸 던질수록 더 많은 관심을 끌고, 더 큰 인정을 받게 된다. 그러니 경쟁이 붙고 수위가 점점 올라갈 수밖에 없다. 그리고 이 경쟁은 결국엔 여성 나체사진이나 '몰카' 같은 여성 이미지의 교환을 넘어 실제로 여성을 돌려가며 성폭행하는 여성 육체에 대한 교환으로 확대된다. "안 보셨어요? 헬스장 사진? 되게 유명했던 사진인데?" 소라넷에 올려 화제를 불러모았던 자신의 '작품'(몰카 게시물)에 대해서 자랑스럽게 떠벌리는 '야노'의 의기양양함은 이 때문이다. '제어할 수 없는 성욕'이나 '본능', '성적 취향'이 아니라, 이 의기양양함이 소라넷의 본질이다.

소라넷에서의 여성 이미지/여성 육체의 교환은 인맥, 정보, 충성, 뒤봐주기, 현금 등의 '선물' 교환을 통해 관계를 조직하고 그 관계 안에서 위계를 형성해가는 남성 사회의 인터넷판인지도 모른다. 남성 중심 사회에서 여성은 남성들이 주고받는 가장 흔하지만 가장 중요한 '선물'로 취급되어왔다. 이처럼 여자는 남자의 소유물이자 전리품이라는 생각, 그렇게 여자를 남성 동지들과의 관계를 유지하기 위한 수단으로 취급하는 것, 그리고 바로 그렇기 때문에 나를 실망시켰을 땐 어떤 식으로든 보복당해도 싸다는 멸시의 마음. 사회적으로 공유되어 있는 이런 사고방식이 아니라면 소라넷은 존재할 수도, 유지될 수도 없다. 소라넷 운영진은 이런 뒤틀린 남성연대에 기생해서 돈을 번다. 소라넷의 베스트 작가들은 여성을 성기로 치환하는 포르노적 이미지를 게시함으로써 회원수를 늘리고, 일반 회원들은 그 이미지와 더불어 광고를 소비함으로써 소라넷에 돈을 벌어다준다. 자본과 남성 간의 공모가 소라넷이라는 불법 사이트를 만들어낸다.

소라넷은 한국사회에 만연해 있는 여성에 대한 일상적인 멸시와 혐오가 어떻게 현실적이고 물리적인 폭력으로 이어지는지 정확하게 보여준다. 여성을 대상화하는 불법적인 음란물이 좌시되어서는 안 되는 이유다. 이것은 그저 단순한 농담이나 취향, 유희가 아니다. 이것은 타인에 대한 침해이자 폭력이며, 인간 존엄의 훼손이고, 범죄다. 그리고 외면과 침묵, 혹은 무관심을 가장한 방조가 이런 폭력과 범죄의 구조를 지속시킨다.

　　단속 시작 2주만에 소라넷 내부에서 활동하던 1,000여 개의 카페를 폐쇄시켰다고 자랑스러워하는 대한민국 경찰은 소라넷이 번창해온 그 16년 동안 어디에서 무엇을 하고 있었나? 강간 모의를 고발하고 소라넷 폐지 청원을 하는 등 여성들이 움직이고 진선미 의원이 그에 부응*하지 않았다면, 소라넷 문제는 여전히 남성들의 침묵의 카르텔 속에서 공공연하게 유지되었을 것이다. 그리고 우리 모두가 알고 있는 것처럼 이는 소라넷만의 문제도 아니다. 괴물은 어디에나 존재하며, 기실 우리의 일상을 지배하는 남성 중심적 구조 자체가 괴물이다.

　　괴물은 침묵을 먹고 자란다. 그러므로 이제 남성들의 차례다. "소라넷은 소수만의 문제이며, 남성 전체의 문제라고 말하는 건 일반화의 오류일 뿐이다"라고 물러나 있을 것이 아니라 괴물을 키우는 '침묵과 암묵적 동조'라는 일상을 바꿔야 한다. 그리고 이 지겹도록 반복되는 폭력의 역사를 함께 끝내자.

2016. 1. 13.

◆　　2015년 말, 소라넷 폐쇄를 요청하는 목소리가 높아지자 당시 새정치민주연합 소속이었던 진선미 의원은 국회 안전행정위원회에서 소라넷에 대한 엄격한 수사와 사이트 폐쇄 등의 조치를 취할 것을 경찰청에 요청했다. 여성들은 이에 호응하며 진선미 의원실 후원하기에 동참하기도 했다.

── 노동당 하윤정 후보는 "아재정치 OUT"을 슬로건으로 내세웠다. 그는 여성을 비롯한 소수자가 과소대표되고 주류 남성이 과대대표되는 정치 현실을 '아재정치'라고 말한다. 하지만 비례대표 의석이 54석에서 47석으로 7석이나 감소하면서 여성, 장애인, 이주민, 청년 등 정치적 소수자들이 대표성을 얻을 수 있는 비율은 더욱 줄었으니, 20대 국회에서도 이런 상황은 나아질 것 같지 않다.

　　물론 '아재정치'는 여성을 통해서도 계속된다. "여성이 너무 똑똑한 척 하면 밉상"이라던 김을동이나 한기총에 찾아가 "차별금지법, 동성애법, 인권관련법, 이거 저희 다 반대한다"고 말한 박영선, 논문 표절 의혹에 변명이랍시고 '지방대 출신 제자' 운운한 더민주 비례대표 1번 박경미 등을 떠올려보라. 그런 의미에서 '아재정치'란 한국사회에 만연해 있는 구태정치의 다른 말이다. 혹은 대통령은 어떤가. 기실 '아재정치'의 정수에는 대통령이 있다. 한국 '아재정치'의 본질은 여전히 지속되고 있는 '아버지 정치'이기 때문이다.

아버지 정치가 계속되는 이유는 최근 한국영화 관객을 사로잡고 있는 '아버지 형상'에서 읽어볼 수 있다. 아버지 이야기를 중심으로 하는 부성 멜로드라마의 인기가 새로운 현상은 아니지만, 그 형상을 통해 '컴백'하고 있는 정치적 무의식은 주목해볼 만하다. 예컨대 역대 박스오피스 1위를 차지하고 있는 〈명량〉(2014)에서 이순신(최민식)은 한 나라의 장군이자 구국 영웅이면서 명백하게 아버지로 그려진다. 아버지의 '신의 한 수'를 이해하려고 발버둥치는 아들 이회(권율)가 영화 속 화자이기 때문이다. '장군=영웅=아버지'. 어쩐지 익숙하다.

그렇다면 박스오피스 2위 작품인 〈국제시장〉(2014)의 아버지 덕수(황정민)는 또 어떨까? 배우 황정민의 작품목록 변천사는 이런 맥락에서 흥미롭다.

황정민이 스크린에 등장한 것은 2000년대 초반이었다. 좋아하는 여자한테 고백 한 번 못하는 밴드 드러머(〈와이키키 브라더스〉, 2001), 노숙자로 세상을 떠도는 동성애자(〈로드무비〉, 2002), 바람피우느라 아들을 지키지 못한 변호사(〈바람난 가족〉, 2003), 실연으로 음독하는 '농촌 총각'(〈너는 내 운명〉, 2005), 그리고 트라우마 때문에 어른이 되지 못한 보험 사정원(〈검은집〉, 2007) 등이 김대중 정권 말-노무현 정권기에 그가 연기한 '주변부 남성'이었다.

2009년, 그는 돈이라면 뭐든 하는 속물 탐정(〈그림자 살인〉, 2009)으로 돌아온다. 공무를 '사업'으로 보았던 CEO 대통령 집권기의 일이었다. 이어서 황정민은 서울시장에 도전하는 서민을 연기한다(〈댄싱퀸〉, 2012). 그는 '민주투사 출신 인권변호사' 타이틀을 통해 시장 후보가 되는데, 이는 전부 우연으로 얻어걸린 이미지다. 영화에서 민주화운동의 가치는 농담거리가 되고, 그 농담은 '별 볼 일 없는 남자'를 정치 영웅으로 만드는 스토리텔링의 자원이 된다. 정치는 이미지이자 이야기일 뿐이라고, 민주주의를 위한 투쟁 역시 마찬가지였다고, 영화는 강변한다. 안철수 열풍과 더불어 정치혐오가 대중적인 마음의 풍경이 되던 시기와 일치한다.

그리고 2014년. 그는 온갖 역경을 살아내고 기어이 이곳에 도착한 '아버지'(〈국제시장〉)가 되었다. 그 아버지는 그저 한 개인이 아니라 한국의 근대사 자체가 되어 아버지들이 이룩한 근대화의 영광을 지속시키지 못하는 '못난 자식들'에게 아득함과 죄의식을 함께 떠넘긴다. 대중은 황정민이 어정쩡한 아들에서 역사 그 자체인 아버지가 되는 과정을 지난 15년간 꾸준히 지켜봐온 셈이다.

황정민이 영화배우로 성장한 시기는 아버지와는 다른 가치를 가진 아들들의 정치가 펼쳐진 때와 겹쳐진다. 노무현은 탈권위의 정치를, 이명박은 탈대의의 정치를 선보였다. 그러나 그 정치는 결국 실패했고, 현실 정치에서의 세대교체 역시 미완의 과제로 남겨졌다. 새로운 정치, 새로운 세계에 대한 그림을 그리지 못했던 탓이다.

지속 가능한 발전이라는 환상 속에 놓인 1인 남성 영웅의 정치서사는 필연적으로 실패를 노정했던 것인지도 모른다. 도저히 넘을 수 없는 '바로 그 남성 영웅'(a.k.a 박정희)이 트라우마 혹은 향수로 여전히 존재하며, 우리는 그 아버지 정치에서 벗어나지 못했기 때문이다. 그리하여 '강력한 아버지'를 그리워하는 퇴행의 시대가 도래했다. 황정민이 그려내고 있는 노쇠한 영웅은 강력한 아버지의 거울상이다. 그리고 아버지가 되지 못한 나이 든 아들들은 '아재'라는 이름으로 구태를 반복한다.

우리 시대의 정치혐오의 바탕에는 그들만의 리그가 되어 아무런 감동도 주지 못하는 '아재정치'가 있다. 필리버스터◆를 둘러쌌던 열광은 이것이 정치 자체에 대한 혐오이기 이전에 특정한 정치, 즉 아재들의 구태정치에 대한 혐오임을 보여준다. 필리버스터 참여 의원 38명 중 17명이 여성이었다는 것, 김광진, 은수미 같은 정치인들이 특히 대중의 관심을 끌었다는 것은 우연이 아니다.

정치가 스스로 정치임을 증명할 때에야 비로소 국민은 정치에 관심을 가진다. 총선 투표율은 떨어지는 반면 지방선거 투표율은 조금씩 오르고 있다는 점 역시 이의 방증일 터다. 이번 선거에서는 녹색당이나 노동당처럼 새로운 정치를 시도하는 정당들이 국회에 입성하는 변화가 일어나기를 바란다.

2016. 4. 13.

◆ 2016년 2월 23일 국회 본회의에 직권상정된 테러방지법의 법안 통과를 막기 위해 당시 야당이었던 더불어민주당이 9일 동안 필리버스터(무제한 토론)를 진행했다.

──── 대학에서 영화 장르에 대해 가르치고 있다. 강남역 여성살인 사건 직후 수업에서 다룰 장르는 필름느와르(이하 느와르)였다. 그런데 마음을 다잡고 수업을 준비하려고 노력할수록 나는 점점 더 우울해졌다. 강남역 여성살인 사건이 이 사회에서 하나의 '이야기'로 구성되는 방식과 고전적인 느와르 영화들이 선보이는 이야기가 너무 비슷했기 때문이다.

타락한 도시를 살아가는 고독한 남자. 어느 날 그는 치명적인 매력을 가진 여자를 만나 유혹에 빠진다. 그는 그녀에 대한 사랑으로 살인조차 불사한다. 그러나 그녀는 남자들을 이용하고 버리기를 반복해온 '먹튀녀'(팜므 파탈)일 뿐이다. 남자는 혼란 속에서 불안증과 망상증에 시달리다 결국 그녀를 죽인다. 복수이자, 응징이다. 느와르의 대표작이자 이후 느와르 서사에 원형을 제공한 빌리 와일더의 〈이중배상〉(1944)의 내용이다. 그리고 영화를 본 사람들은 "남자에게 그럴 만한 이유가 있었다"고 생각한다. 남자의 목소리로 내레이션이 펼쳐질 뿐만 아니라, 카메라 역시 남자의 시선으로 사건을 담아내기 때문이다.

이제 이야기를 살짝 바꿔보자. 각자도생과 무한경쟁이 존재 양식이 된 서울. 남자는 목사가 되고 싶어 신학을 공부했지만 세상은 그다지 녹록치 않았다. 그의 삶은 고독했고, 여자들은 그를 무시했다. 결국 그는 강남역의 한 노래방 화장실에 숨어 들어가 한 시간 반을 기다려 자신과 전혀 무관한 한 여자를 살해한다. 자신을 무시한 여성 전반에 대한 복수이자 응징이다. 사회는 이것을 '조현병에 시달리는 한 기층 남성의 돌출적 행동'으로 설명한다. 그리고 한국사회는 이런 설명에 너무 쉽게 넘어간다.

더 이상 유토피아를 꿈꿀 수 없는 사회, 남성의 불안, 여성에 대한 분노, 살인 그리고 정신질환이라는 변명. 70년을 사이에 두고 미국과 한국에서 똑같은 이야기가 반복되고 있다. 하나는 영화이고 하나는 사회적 사건이라 같이 놓고 말할 수 없다고 생각하는 독자도 있을 터다. 그러나 바로 그것이 핵심이다. 한 사회의 여성혐오란 영화와 차이가 없을 정도로 허구에 기반한 이미지 정치에 불과하다. 여성혐오에는 실체가 없다. 한편으로 영화를 비롯한 대중문화와 현실은 이런 여성혐오적 상상력을 공유한다.

1940년대 중반에서 1950년대 말까지 관객을 사로잡았던 느와르는 제2차 세계대전 후 미국의 불안과 좌절을 예민하게 잡아내면서, 한 사회의 방향 상실감과 감정적 소요를 드러내는 데 탁월한 장르라고 평가받았다. 그런 이유에서인지 1950년대 말에 사라졌던 느와르는 베트남전 패전과 반문화운동의 영향 속에서

1970년대 '네오 느와르'로 미국 사회에 다시 돌아온다. 그 유명한 〈차이나타운〉(1974)이나 〈택시 드라이버〉(1976) 같은 영화가 대표적인 작품이다.

사회의 불안을 언제나 남성의 불안으로 설명하는 것, 그리고 그 원인으로 여성을 지목하여 그를 응징함으로써 불안을 해소하려는 것. 이는 여성혐오 문화의 일면이기도 하다. 한 수업에서 느와르의 여성혐오적 성격에 대해서 설명했을 때, 이런 질문을 받았다. "느와르란 전후 남성들의 불안을 다룬 장르 아닌가요? 여성이 주인공이 아니라고 투덜거릴 순 없죠." 그렇다면 1950년대 여성의 정서를 반영했던 대표적인 장르인 멜로드라마를 한번 살펴보자. 느와르에서 남성을 위기로 몰아넣는 것이 '요물스러운 여성'이었던 반면, 멜로드라마에서 여성을 위협하는 것은 대체로 공동체의 윤리이거나 규범, 가부장제 구조 그 자체였다. 멜로드라마는 남성혐오를 재현하지 않았다. 이런 차이는 어디에서 비롯되는 것일까?

그러나 느와르와 강남역 여성살인 사건 사이의 유사성은 이게 다가 아니다. 우리가 주목해야만 하는 또 한 가지 공통점은 바로 장애혐오다. 언급했던 것처럼 느와르는 남성 몰락의 원인을 1차로 여성에게 돌리고, 2차로 그의 정신질환에서 찾는다. 정신장애는 언제나 '정상성'의 결핍으로 여겨지고, 근본적으로 그를 해치는 원인으로 제공되는 것이다. 이런 장애혐오가 한국사회에 뿌리 깊게 스며들어 있기 때문에 국가와 공권력은 별 어려움 없이 장애혐오를 사건의 원인으로 지목할 수 있었고, 대중은 이를 쉽게 납득했다.

　　강남역 여성살인 사건의 전개에서 예상치도 못하게 장애혐오를 목격하면서, 나는 대중문화에서의 장애 재현을 되돌아보게 되었다. 예컨대 느와르에서도 '팜프 파탈'만 문제 삼았지, 정신질환에 시달리는 남성 캐릭터에 대해서는 생각하지 않았던 것이다. 대중문화를 분석하는 관점에 성 이 기입된 것은 서구 페미니즘 안에서는 적어도 50년, 한국 페미니즘 안에서는 30년은 된 일이다. 그러나 '장애'를 문화분석의 방법론이자 관점으로 도입하려는 시도는 아직 낯설다. 물론 이는 나의 무지 탓일 수 있지만, 불행히도 이런 무지는 나만의 것이 아니다. 그러므로 한국사회엔 공부가 필요하다. 장애학을 도입하면 대중문화가 얼마나 치밀하게 비장애인 중심적인지 드러나기 시작할 터다.

　　여성의 관점에서만큼이나, 장애의 관점에서도 이야기는 다시 쓰여야 한다. 그리고 이 둘은 분리된 일이 아니라는 것이 이번 사건이 우리 사회에 던져주는 교훈 중 하나다.

2016. 6. 8.

예능이 남자들 판이라는 건 새삼스럽지 않다. 규라인, 유라인, 강라인이 기승을 부리는 와중에 여자 예능인은 생존 자체가 불투명해졌다. 이렇게 남자판인 예능, 즉 한남 엔터테인먼트는 〈남원상사〉(XTM)에서 그 완성을 본 것 같다.

그간 한국 예능은 경제적 몰락 속에서 기가 꺾인 남자들을 위로하는 재현 전략을 취해왔다. 예컨대 지난 10년간 대표 예능이었던 〈무한도전〉(MBC)은 '대한민국 평균 이하의 남자'들이 모여서 어떻게 '무모한 도전을 하는가'를 보여주던 콘셉트에서, 점차로 지치고 힘든 국민 정서에 말을 거는 거대 프로젝트에 대한 '무한한 도전'으로 넘어갔다. 그리하여 고난 끝에 기어코 성공하고야 마는 루저의 성공담으로 전환되었던 것이다.

〈무한도전〉을 급부상시켰던 에피소드가 스포츠댄스, 조정, 봅슬레이, 프로레슬링처럼 스포츠를 주제로 했다는 것은 주목할 만하다. 그리고 그 서사의 축적 속에서 출연자들 역시 '고군분투 속에 성공한 가장'으로들 자리매김했다. 남자 루저들의 우정과 성장, 그렇게 쓰여진 성공담. 그것이 〈무한도전〉의 인기 비결이었다 해도 과언은 아니다.

그러나 2017년 대한민국. 여기는 프로젝트의 성공과 가장의 탄생이라는 판타지조차 더 이상 위로가 되지 않는 헬조선이다. 덕분에 부끄러움을 모르는 남자들의 이야기가 판을 치기 시작했다. 내 인생 유일한 즐거움을 망치는 아내에 대한 성토(XTM의 〈수컷의 방을 사수하라〉)와 '아재짓'의 향연(JTBC의 〈아는 형님〉)을 지나, 남자들이 술 마시고 '노가리 까는' 것(tvN의 〈인생술집〉)까지 방송을 탄다. 그리고 드디어 대놓고 "남자의 원기가 떨어진 것은 여자 탓"이라고 악다구니를 치는 예능이 등장했다. 〈남원상사〉다. 이건 정말 최악이다.

〈남원상사〉 1회는 "남자의 주차부심"에서 시작해서, "남자들이 고추 긁는 이야기"로 넘어가더니, 마지막 대미는 "프로포즈 안 했다고 바가지 긁는 와이프에게 확실히 프로포즈 해주기"로 장식되었다. 그렇게 "남자들의 로망, 우리가 책임집니다"라고 외치며 방송은 끝난다.

프로포즈에 대한 묘사도 가관이다. 몰래카메라인지 모르고 레스토랑에 남편과 함께 들어온 아내는 계속해서 셀카를 찍어댄다. 그리고는 "우리 이사 가면 인테리어 클래식하게 하자"고 제안한다. 그러자 남편은 "돈이 얼만지 아냐?"라고 되묻고, 진행자인 장동민이 그 장면을 보면서 이렇게 덧붙인다. "그렇죠, 남자들은 현실적인 생각을 하죠." 〈남원상사〉가 여자와 남자를 그리는 프레임은 분명하다.

그 프레임 안에서 프로포즈 받는 여자가 어떤 생각을 하는가 역시 '남자가 상상하는 여자의 생각'을 반영하면서 자막으로 박제된다. 예컨대 이런 식이다. 식사 도중 다른 커플의 공개 프로포즈가 각본대로 진행된다. 남편이 아내에게 "부러워?"라고 묻자 아내는 고개를 젓는다. 그러자 "부럽지 않은 척"이라는 자막이 뜬다. 답은 이미 정해져 있는 셈이다.

그러므로 여자는 충실한 대역 배우가 될 뿐이다. 예쁘고, 관종이고, 보호받길 좋아하는 '전형적인 여자'로서, 그는 프로포즈를 받고 '행복의 눈물'을 흘린다. 그가 정말 그런 사람인가는 중요하지 않다. 그가 어떤 개성을 가진 사람이건, 그를 그리는 프레임은 이미 짜여져 있기 때문이다. 이 '김치녀 서사'에 반전이란 없다.

〈남원상사〉는 남자를 좌절시키는 원인으로 여자, 그리고 그들의 '여자짓'을 지목한다. 여기서 '여자짓'이란 여성이라는 성별에 덧씌워져 있는 이 사회의 전형stereotype을 의미한다. 이 확증 편향 안에서 여자는 김치녀 프레임에 포획된다.

대중문화가 지친 남자들을 위로하는 것은 문제가 아니다. 그러나 그 위로를 다른 이에 대한 차별과 배제로 제공할 필요는 없다. 그렇게 해서 형성되는 것은 '여성혐오가 팔리는 시장'일 뿐이다.

여혐을 자기 상품성으로 삼는 예능과 남성 셀럽, 그리고 셀럽-워너비가 늘고 있다. 특히 〈남원상사〉와 같은 남성용 예능은 그런 시장을 발굴하고 확대시킨다. 그 세계에서 여혐 발언은 실수가 아니라 적극적인 생존 전략이 된다. 그 공동체는 혐오를 제재하지 않고 오히려 권한다. 이 지긋지긋한 한남 엔터테인먼트의 끝을 보고 싶다.

2017. 4. 18.

──── 강남역 여성살인 사건 이후. 여성들은 한국의 '강간문화'와 싸우기 시작했다. 강간문화란 "강간이 만연한 환경, 미디어와 대중문화가 여성에 대한 성폭력을 규범화하고 용인하는 환경"(레베카 솔닛.《남자들은 자꾸 나를 가르치려 든다》)을 말한다. 남성이 여성에게 성/폭력을 가하고 그것을 '여성의 탓'으로 돌려 여성의 행동을 제약하고 운신의 폭을 좁히는 것. 그것이야말로 강간문화의 핵심이라고 할 수 있다. 여성들은 한 사회에서 여성이 성/폭력에 노출되는 것은 피해 여성 개인의 잘못이 아니라 가부장제라는 문화적 구조의 책임이라는 사실을 직시하고, 이에 저항하기 시작했다.

그런 대중적 각성으로부터 1년이 훌쩍 넘는 시간이 흘렀다. 한국사회는 별반 달라지지 않았고, 기실 여성에 대한 폭력은 여전하거나 더욱 심해지고 있는 것처럼 보인다. 여성들의 목소리가 커질수록 그에 대한 반격도 강해지고, 그 반격이 위협과 폭력의 형태로 드러나고 있는 것이다. 이런 상황을 반영이라도 하듯, 지난 8월에는 몇 가지 충격적인 사건이 연달아 일어났다.

그중 하나는 BJ '갓건배' 살인협박 사건이다. 온라인 게임의 경우 플레이어가 여성임이 밝혀지면 그는 남성 플레이어의 온갖 성희롱과 언어폭력에 노출되곤 한다. 여성 게이머이자 유튜브 BJ인 '갓건배'는 여성들이 경험하는 폭력과 차별의 말을 그대로 남성들에게 돌려주는 '미러링'으로 유명한 게이머다. 이뿐만 아니라 그는 게임 실력도 출중했던 탓에 많은 남성 게이머들에게 '여자에게 패배하는 굴욕'을 안겨주었다.

이에 8월 10일, 남성 게이머이자 BJ인 '김윤태'는 유튜브 생방송 중 "갓건배의 주소를 알아냈다. 갓건배를 죽이러 가겠다"고 말한다. '갓건배'가 "남성을 비하한 것"에 화가 났기 때문이다. '김윤태'의 유튜브 계정 팔로워 수는 약 6만 명 정도. 이 방송의 실시간 시청자는 7,000명이었다. 결코 적은 수라고 할 수 없는 사람들이 이 '살인 예고'를 보고 있었고, 대다수가 이에 호응했다. 몇몇 시청자들의 신고로 결국 '김윤태'는 체포되었지만, 벌금형 5만 원을 받고 훈방 조치되었다.

물론 '김윤태'가 실제로 '갓건배'의 주소를 알고 있었던 것도 아니었고, 추격전의 영상 자체는 그들이 보통 즐기는 게임 영상의 문법을 따르고 있다는 점에서, 그야말로 '갓건배' 추격전은 그냥 하나의 '퍼포먼스'였을 수도 있다. 그러나 이 사건 직전 우리는 아프리카 TV의 한 방송 때문에 왁싱샵에서 혼자 일하는 여성 노동자가 살해당하는 사건을 목도했다. '갓건배' 추격전이 결과적으로 어떤 사건으로 이어질지는 아무도 모르는 일이었던 셈이다. 이런 맥락 안에서 진선미 의원을 비롯하여 많은 여성들이 "여성의 목숨값이 고작 5만 원인가"라는 질문과 함께 이에 문제제기를 하고 있는 중이다.

같은 날, 강남역 여성살인 사건을 모티프로 한 영화 〈토일렛〉(2017)의 개봉 소식 역시 알려졌다. "모든 것은 우발적이고 즉흥적인 분노 때문이었다"라는 홍보문구와 함께 소개된 이 작품은 마음에 드는 여자들에게 말을 걸었다가 조롱당한 남자들이 여자들을 납치해 강간하고 죽인다는 내용을 담고 있다. 강남역 사건이 일어난 지 고작 1년 3개월 후. 우리는 이 사건을 "우발적 분노"로 포장하여 상품화하는 콘텐츠를 만나게 된 셈이다.

왁싱샵 살인 사건, '갓건배' 살인협박, 그리고 〈토일렛〉으로 이어지는 일련의 사건들은 한국사회에서 여성에 대한 폭력이 문화콘텐츠가 되고 있다는 경각심을 불러일으킨다. 일종의 '여혐 시장'이 형성되고 있는 것이다.

그리고 다른 한편에서는 페미니스트 교사에 대한 공격이 진행 중이다. 한 인터뷰에서 "왜 여자아이들은 운동장을 갖지 못하는가?"라고 질문했던 교사와 성평등 교육에 근거하여 수업을 진행한 교사 등에 대해 문제를 제기하고 해고를 촉구하는 민원이 빗발치고, 동시에 인터넷에서는 무작위적 인신공격이 펼쳐지고 있는 것이다. 이들은 이미 초중고에서 여학생 상위시대가 열렸는데, 페미니스트 교사란 편향된 사고방식을 교육시키고 역차별을 조장할 뿐이라고 주장한다. 하지만 정말 그러한가?

'갓건배' 사건의 경우, 살인 예고를 한 BJ '김윤태'에게 호응하고 유사한 유튜브 동영상을 제작한 사람들 중에 10대 남성이 적지 않았다. 10대 청소년은 일간베스트(일베) 같은 남초 커뮤니티와 온라인 게임, 그리고 '야동' 등 디지털 공간에서 '남자됨'을 학습하고, 그렇게 형성되는 남성성에는 여성에 대한 멸시와 차별, 그리고 무엇보다 폭력이 기입되고 있다. 이제 여혐 시장이 10대 남성에게 미치는 영향을 무시하기는 어렵다.

페미니즘에 대한 백래시는 한국사회의 인권 감수성 수준을 반영한다. 기본적인 소양으로서 성평등을 비롯한 다양한 평등에 대한 감각을 어떻게 키워나갈 것인지, 사회적인 관심이 필요한 시점이다.

2017. 10.

── "한국남자야, 이게. 이 씨발새끼야! 이게 한국남자라고. 너
뒤질 준비해."

BJ '갓건배' 살해협박 사건 당시 '갓건배' 추격 방송을 시
작하면서 BJ '이병욱'이 한 말이다. 그는 화를 참지 못하고 욕설
을 퍼부으며 정의 구현을 위해 길을 나선다. 무엇보다 '갓건배'
가 "한국전쟁 참전용사를 욕보였기 때문"이었다. 그와 동행했던
'BJ특수반'은 '갓건배'를 처치하는 것이 "대한민국을 일제강점기
에서 해방시키는 기분"이라고 말했다. 문득 궁금해졌다. 그가 생
각하는 한국남자란 도대체 무엇일까?

흥미롭게도 그들은 혼자가 아니라 자신들이 속해 있는 BJ
네트워크 안에서 집단으로 움직였다. 그 네트워크의 이름이 '느
금마 엔터테인먼트'다. 느금마 엔터는 명확한 실체는 없지만 느
슨한 동아리라 할 만한 집단이다. 여기서 '느금마'(느그 엄마)는 상
대방의 어머니를 비하하는 말이다.

느금마 엔터는 '신태일 패밀리'라고도 불린다. 유명 BJ '신
태일'이 중심이기 때문이다. '신태일'은 자동차로 자기 다리를

깔아뭉개거나 형광등을 씹어 먹고, 지하철 객차 한가운데서 부탄가스레인지로 라면을 끓이는 등 엽기적인 행각으로 인터넷에서 인기를 끌었다. 그는 한 공중파에 출연해 이런 콘텐츠로 한 달에 1,000만 원 이상의 수입을 벌어들인다고 밝혔다.

느금마 엔터에는 '갓건배' 사건 때 벌금 5만 원으로 훈방 조치된 '김윤태', '갓건배' 추격에 나섰던 '이병욱', '신태일'이 이 사건으로 계정정지를 당한 후 1인자로 부상하고 있다는 '푸워' 등이 소속되어 있다. 이들은 "형-동생", "회장-사장" 하는 사이로 서로의 유튜브 방송에 출연하기도 하고, SNS에 사생활을 흘려 자신들을 둘러싼 가십을 만들기도 한다. 느금마 엔터가 '갓건배' 추격에 나섰던 결정적인 계기는 '갓건배'와 '신태일'이 방송을 통해 싸움이 붙었기 때문이었다.

느금마 엔터는 이처럼 서클을 구성해서 영향력을 행사하며 적지 않은 돈을 번다. 그러다보니 이너서클이 되려고 주변을 배회하는 (그들 표현으로) '찌끄레기'들도 생긴다. "대한민국 해방" 운운했던 BJ특수반은 그런 주변인 중 하나다. 그는 '갓건배' 추격 방송에서 자신이 "신태일 따까리"가 되고 싶었지만 거부당했고, 이제 독립적으로 유튜브 방송을 시작하려 한다고 말했다. 그는 가장 자극적인 사건 중 하나였던 '갓건배' 건에 합류하여 스스로의 존재감을 드러내면서 '그들 중 하나'가 되려고 했다.

여기까지 오면 "이게 한국남자야"라는 선언의 의미를 해석할 수 있게 된다. 그들은 역사의 고통을 이해하는 보편 주체로 터프한 한국남자를 내세우고, '잘나가는 놈' 중심으로 위계를 세워 남성연대를 구축한다. 그리고 그것을 사업으로 연결시킨 뒤, 대한민국을 위한 일이라고 포장한다. "한국남자-형제애-패밀리-엔터테인먼트-대한민국"으로 이어지는 확장은 낯설지 않다. 한국사회의 남성연대가 작동하는 방식의 축소판인 것이다.

다만 이 연쇄의 연결고리를 이어주는 '남자다움'의 성격은 완전히 달라졌다. 예전처럼 나라와 가족을 지킨다거나 가부장으로서의 책임을 다하는 등의 전통적인 가치로는 그 성격이 규정되지 않는 것이다. 당연하다. 그로부터 아무런 자원을 얻을 수 없는 현실 아닌가.

이 파국의 세계에서는 오히려 "나는 잃을 것이 없다"는 완전히 허무주의적인 태도와 "고로 나는 막 나간다"는 기이한 열정이 버무려진 기행이 남자다운 것이며, 그로부터 뽑혀 나오는 현금이야말로 최고의 가치다. 이 시대의 남자다움이란, 다른 한편으로는 시계나 차처럼 돈으로 살 수 있는 것에 부착되어 있기 때문이다.

10대 남성들의 장래희망 1위가 BJ라는 것은 잘 알려져 있다. 남겨진 자원이 없다는 박탈감을 느끼는 10대 남성들은 느금마 엔터를 하나의 삶의 모델로 삼는다. 실제로 '신태일' 역시 그렇게 '가진 것 없는 10대'에 활동을 시작해서 '아우디를 타고 여자친구에게 100만 원씩 용돈을 주는 한국남자'가 되었다. '남자다움'의 중층적인 의미망을 분쇄하지 않고 유튜브 탓만 해서는 아무것도 해결되지 않는다.

　　처음의 질문으로 돌아가보자. 한국남자란 무엇인가? 이제
그 대답을 다시 써야 할 때다.

2017. 10. 31.

──── '자라지 않는 아재들'은 최근 한남 엔터테인먼트의 흥미로운 광경 중 하나다. 〈아는 형님〉(JTBC)에서 아재들은 여전히 교복을 입고 교실에 앉아 있으며, 〈미운 우리 새끼〉(KBS)에서는 아직도 '생후 오백 몇 개월'을 사는 어머니의 아들이다. 〈아재 독립만세!! 거기서 만나〉(TV조선)의 내레이션은 원로 배우 김영옥이 맡았다. 나이 든 '어머니뻘' 여성이 아재들을 굽어보며 행동 하나하나에 애정이 담긴 목소리로 코멘트하는 것이다.

이 퇴행은 어디에서 오는가? 특히나 우리 시대에 아버지란 〈명량〉이나 〈국제시장〉과 같은 영화에 등장하는 70~80대 어르신의 얼굴이 되어버린 지금, 대중문화는 왜 40~50대 남자를 어른으로 상상하지 못하는 것일까.

나는 그 이유 중 하나가 한국사회의 남성 중심적 역사관에 놓여 있다고 생각한다. 현재 대한민국 정치를 주도하고 있는 386 남성들은 여전히 상징적으로 아버지를 죽이지 못했고, 그리하여 어른의 몸에 갇힌 '어린 아들'의 정신세계를 살고 있다. '자라지 않는 아재'가 일종의 시대정신이 된 것이다.

예컨대 문재인 대통령 지지자들을 떠올려보자. 그들은 문 대통령이 얼마나 성숙한 어른인지와 무관하게 그에게 "우리 이니 하고 싶은 대로 해"라고 말하며 "오구오구 우쭈쭈" 했다. 한 시대를 풍미하는 문인들이 대선 당시 그를 지지하기 위해 만든 인터넷 사이트의 주소가 'http://www.5959uzuzu.com'였다는 건 충격적이다. 그리고 이 사이트는 그에 대한 비판적인 칼럼◆이 한 편 등장하자마자 소리 소문도 없이 사라졌다. 이에 대한 책임 있는 목소리는 어디에서도 들을 수 없었던 셈이다.

문제는 이런 태도가 그저 무한한 애정과 지지를 표현하는 것에서 그치지 않는다는 점이다. 이는 기실 여당 및 그 지지자들이 짜고 있는 정치적 프레임과도 연결되어 있다. 이때 정청래 전 의원의 '소수 권력'이라는 말은 주목할 만하다. 그는 팟캐스트 〈파파이스〉에 출연해서 문재인 정부와 더불어민주당이 아직은 '소수 권력'이라고 말하며 '감시 없는 지지'를 호소했다. 이 말은 기이하다. '소수'란 단순히 수의 문제가 아니라 권력 위계에서 하위에 놓인 존재를 일컫는 표현이라고 할 때, '소수 권력'은 말 그대로 '뜨거운 아이스 아메리카노'처럼 불가능한 유머에 불과하다.

이런 이율배반적인 역사 인식 안에서 유시민 작가의 '진보 어용 지식인 선언' 역시 가능해진다. 청와대 권력만 바뀌었을 뿐 한국사회의 적폐 권력은 그대로라고 주장하면서, 유 작가는 문

◆   오혜진, 〈[2030 잠금해제] '오구오구 우쭈쭈' 시대의 문학〉, 《한겨레》, 2017. 5. 15.

재인 정부의 '열악한 위치'를 이유로 '어용'이라는 단어에 새겨질 수밖에 없는 수치심을 간단히 지워버렸다. 그리하여 우리는 '진보', '어용', '지식인'이라는 도저히 공존할 수 없는 세 단어가 하나의 단어를 구성하는 놀라운 시대를 살게 된다. 이야말로 자라지 않기로 결심한 남자들의 화려한 정치적 쇼다.

하지만 '어용 지식인'조차도 냉정한 얼굴로 문재인 정부의 선택에 철퇴를 내리는 순간이 있었다. 바로 강경화 외무부 장관 후보자 앞에서였다. 그는 〈썰전〉(JTBC)에 출연하여 "자기 앞가림도 잘 못한다"면서 강 후보자를 폄하했다. 국민의당에서 "지금은 안보 현안이 중요한 만큼 이번에는 국방을 잘 아는 남자가 해야 한다"거나 "여객선이라면 모를까 전시를 대비할 항공모함 함장을 맡길 순 없다"며 부적격 입장을 낸 것과 다르지 않은 수사다. '어용 지식인'은 자신들의 권력적 지위를 부인하고 계속해서 '지켜달라'고 징징거리면서도, 여성 앞에서만은 짐짓 근엄한 척한다. 남자들이 스스로 자라지 않았다고 주장할 때에도 누구를 배제하면서 그 권력을 유지하고 있는가는 명백해 보인다.

이 철없는 남자들의 강고한 연대는 역시 탁현민 의전비서관실 행정관을 비호하는 것에서 그 빛을 발하고 있다. 탁현민의 10년 전 책은 그저 '젊은 한때의 과오'가 아니다. 사과 한마디로 넘어갈 것이 아니라 어른스럽게 책임을 지는 모습을 보여주기 바란다.

2017. 6. 13.

──── 한 남자가 트렁크 문이 열린 차 옆에서 담배를 피우고 있다. 트렁크 밖으로는 청테이프로 칭칭 동여맨 여자의 맨다리가 삐져나와 있다. 이 이미지에는 "The Real Bad Guy"(진짜 나쁜 남자)라는 제목이 붙었다. 그리고 이어진 설명. "여자들은 나쁜 남자를 좋아하잖아? 이게 진짜 나쁜 남자야. 좋아 죽겠지?" 잡지 《맥심》의 2015년 9월 호 표지였다.

여성들은 경악했다. 여성에 대한 폭력, 심지어 살인을 미화하고 상품화하는 이미지였기 때문이다. 이뿐만 아니라 이 표지는 판타지로서의 '나쁜 남자'와 '범죄자' 사이의 경계를 모호하게 만들면서, 위험함, 길들여지지 않음, 야만성이야말로 남자다움이라는 널리 퍼진 착각을 옹호하고 강화한다.

물론 유독 '나쁜 남자'를 좋아하는 여자들이 있다. 이때 '나쁜 남자'의 종류는 다양하고, 그런 남자를 원하는 욕망의 성격 역시 다양하다. 하지만 나쁜 남자를 좋아한다고 그것이 범죄의 희생양이 되기를 원한다는 의미는 아니다.

《맥심》이 보여주는 것처럼 한국사회는 나쁜 남자와 범

죄자를 잘 구분하지 못한다. 게다가 여기서의 '나쁜 남자'는 여성 판타지라기보다는 남성 판타지에 가깝다. 김기덕의 〈나쁜 남자〉를 떠올려보자.

영화는 조재현이 연기한 포주가 거리에서 여자들을 구경하는 장면으로 시작한다. 한 '여대생'이 마음에 들었는지 그는 여대생에게 다가가 강제로 키스한다. 마침 여대생의 애인인 남대생이 등장해 포주의 얼굴을 가격하고 모욕을 준 뒤 여대생과 함께 떠난다. 포주는 앙심을 품는다. 그는 결국 여대생을 납치해서 성매매 업소에 감금해놓고 그녀를 판다. 하지만 이보다 더 기가 막힌 것은 영화의 결말이다. 결국 여대생은 포주를 사랑하게 되고, 두 사람은 트럭 한 대를 구해 전국을 돌아다니며 성매매를 시작한다.

2001년 작품이다. 당시 일부 평단은 기층 남성의 날것의 분노와 계급 전복을 보여주는 작품이라며 열광했다. 그러나 이런 열광에서 의도적으로 오독된 것은 계급 전복의 방식이었다. 이 작품이 여성을 착취하고 있다는 비판에 대해서 옹호자들은 착취가 아니라 기층 남성과 부르주아 여성 사이의 계급투쟁이라는 입장을 견지했던 것이다. 그러나 사실 영화는 부르주아 남성과 기층 남성의 갈등을 그리고 있고, 그 속에서 여성은 그저 몸뚱아리이자 소유물로 취급되었을 뿐이다.

이 영화를 설명할 때 "건달이 짝사랑하는 여대생을 납치했다"고들 표현한다. (포주가 그저 건달이 되고, 범죄가 사랑으로 포장되는 순간이다.) 하지만 포주가 여대생을 다른 남자들에게 판매하면서 관음할 뿐, 그녀에게 구애하지 않는다는 것은 인상적이다. 이는 포주가 원했던 것은 사랑이 아니라, 여대생의 '몰락'을 두 눈으로 확인하고 그녀를 완벽하게 '소유'하는 것뿐이었음을 보여준다. 포주는 남대생의 소유물인 여대생을 갈취하여 자신의 재산으로 만드는 것에서 쾌락을 느낀 셈이다.

포주의 욕망은 최근 인터넷에서 화제가 되었던 "몰카를 보는 이유"와도 닮아 있다. 한 남성 네티즌은 "예쁜 여자들에게 기죽었을 때, (여성 화장실 몰카를 보면서) 걔네도 미개한 짓을 한다는 걸 확인하면 위안이 된다"고 썼다. '몰카' 옹호론자들의 주장과 달리 그건 '자연스럽고 순수한 성적 욕망'이 아니다. 그것은 남성이 여성을 소유하고 착취하는 것을 자연으로 여기는 사회에서 구성된 정치적 욕망이다.

여기에서 '나쁜 남자'는 여성의 판타지도 아니고, 여성과 남성의 관계에서 발생하는 성적 긴장 관계도 아니다. '나쁜 남자'는 오히려 위악을 통해 타인 위에 군림하고자 하는 남성 판타지임과 동시에 다른 남성과의 권력 투쟁 속에서 발생하는 긴장이다.

한 유력 정치인이 연인이었던 여성에게 "너 하나 감옥에 처넣는 것은 일도 아니다"라고 겁박하고, 그의 남성 동료들이 이 사건을 묻기 위해 발버둥쳤다는 뉴스를 보면서 질문하게 된다. 왜 저들은 여자를 '트렁크 속 시체'처럼 대하는가. 그리고 그런 남자들이 하는 정치란 도대체 누구를 위한 정치인가. 남성들의 '나쁜 남자' 판타지야말로 고민이다.

2018. 6. 12.

──── 최근 시간 여행 이야기, 즉 타임슬립time slip물이 유행이다. 2012년 드라마 〈인현왕후의 남자〉(tvN)와 〈옥탑방 왕세자〉(SBS) 등이 화제를 모으고 2013년 〈나인〉(tvN)이 선풍적인 인기를 끌면서 시간 여행자들의 사랑은 팔리는 이야기가 되었다. 그리고 이런 타임슬립의 매혹은 2014년 4월 16일을 기점으로 돌이킬 수 없는 과오를 바로잡고자 하는 대중적 욕망과 만났다.

전 국민이 아무런 손도 쓰지 못한 채 생방송으로 304명의 생명이 사그라져가는 것을 지켜보고만 있었던 그날 이후. 대중문화는 이 집단적 트라우마에 말을 걸고 문화적으로라도 위로하려는 노력을 해왔다. 그렇게 드라마 〈시그널〉(tvN, 2016)을 비롯해서 영화 〈시간이탈자〉(2015), 〈당신, 거기 있어 줄래요〉(2016)에 이어 〈하루〉(2017)까지, 시간을 거슬러 살면서 재난이나 사고, 소중한 이의 죽음을 막으려는 이야기들이 계속 만들어지고 있다.

그런데 포스트 416 타임슬립물에는 두드러지는 특징이 하나 있다. 시간을 거스르는 건 언제나 남자고, 과거에 박제되어 반복적으로 죽음을 기다리고 있는 건 언제나 여자라는 점이다.

도대체 왜일까?

시간time으로부터 미끄러질ship 수 있는 기회와 능력은 시간을 살아갈 수 있는 자에게만 주어진다. 시간을 산다는 것은 자신만의 모험을 할 수 있다는 뜻이며, 그렇게 성장하고 무엇인가를 성취할 수 있다는 의미이기도 하다. 남성 중심적인 서사 관습 안에서 시간은 언제나 남자들의 것이었고, 그렇게 남자들만이 시간 속에서 쌓여온 이야기, 즉 역사의 주체가 되어왔다. 그러므로 역사가 남겨준 지혜와 지식 역시 남자들의 것이었다. 그리고 여자는 시간이 아닌 공간에 박제되어 그 자리에 머물면서, 남자들이 벗어나야 하는 과거(트라우마)로 존재하거나 성취해야 하는 미래(트로피)로 그려진다.

그러나 이야기가 아닌 현실에서 과거에 고착되어 성장 없이 떠돌고 있는 것은 오히려 가부장제의 상상력과 그에 기생하여 연명하고 있는 어떤 남자들인 것 같다.

얼마 전 개봉했던 〈하루〉는 이런 퇴행적인 성격을 잘 보여준다. 영화는 딸의 죽음을 목격하는 '준영'과 아내의 죽음을 목격하는 '민철'의 기구한 운명을 그린다. 그렇게 사랑하는 사람이 눈앞에서 죽어가는데도 아무것도 할 수 없는 고통스러운 하루가 끝도 없이 반복된다. 그야말로 무간지옥이다.

점차 이 타임슬립에 숨겨져 있던 비밀이 밝혀진다. 3년 전 준영과 민철의 잘못된 판단으로 아들을 잃은 '강식'이 복수극을 펼치면서 세 사람은 시간의 굴레 속에 갇혀버린 것이다. 강식은 복수를 위해 남자들 본인이 아닌 그들의 딸과 아내를 해친다.

영화 내적으로는 '눈에는 눈, 이에는 이'라는 복수의 원칙이 적용되었을 터지만, 영화 외적으로는 시간과 여성의 관계를 상상하는 것에 무능한 한국 대중문화의 현실이 드러난다. 하루라는 시간이 무한히 반복될 동안 여자들은 아무런 지식도 깨달음도 얻지 못한다. 이유를 알지 못한 채 셀 수 없이 목이 졸리고 차에 치인다.

남성이라는 이유로 진실을 아는 자의 자리에 오르고, 여성이라는 이유로 남성의 소유물이 되어 그들 간에 펼쳐지는 이야기를 진행시키기 위해 '요리'되는 것. 그렇게 남성이 지켜주지 않으면 반복적으로 폭력에 희생될 수밖에 없는 것. 이런 상상력이야말로 여성혐오 문화의 원인이자 결과다. 그리고 그런 문화가 여성을 살해한다.

강남역 살인 사건 이후 여성들은 달라지고 있다. 안전한 사회를 만들기 위해 평등을 외치고 있는 것이다. 반면 이 운동에 동의하지 않는 남성들과 한국사회 전반은 어떤가? 변화를 갈망하면서 싸움을 시작한 여성들 앞에서 시간은 누구와 함께 흐를 것인가? 남자만이 시간을 여행하는 타임슬립물의 유행은 역사의 주체로서 남성이 아닌, 역사를 만들어가지 못하는 남성의 퇴행을 보여주는 징후인지도 모르겠다. 이제 성장하지 않으면서 군림하려는 자들의 서사는 끝날 때가 되었다.

2017. 8. 8.

── 연일 싱글벙글이다. 자유한국당 홍준표 대표 말이다. 그는 미투운동이 진보 쪽에서 더욱 '활발'하게 이뤄지고 있는 것이 진보의 문제라고 손가락질한다. 그러나 다른 누구도 아닌 홍 대표야말로 걸어다니는 '성희롱 기계'처럼 보인다. 입만 열면 저질스럽고 불쾌한 말들이라, 나는 심지어 수치심까지 느낀다. '제1야당 대표가 저런 수준이라니, 이 나라의 바닥은 도대체 어디인가.'

그는 19대 대통령 선거를 '돼지 발정제 논란'으로 화려하게 장식했다. 친구들끼리 강간모의를 한 것을 젊은 시절 추억거리로 여기며 자서전에 쓴 것이 문제가 되었다. 강간은 범죄이기에 앞서 여성을 자율성과 존엄을 함부로 침해해서 소유할 수 있는 것으로 치부하는 가부장제의 여성지배가 드러나는 실천이다. 그리고 그런 실천은 "그리해도 괜찮다"는 남성연대의 허가 하에 가능해진다. 그런 의미에서 친구들끼리 돼지 발정제 운운했다는 것은 청년의 치기가 아니라 성폭력 범죄의 사회적 조건 그 자체다. 설사 '그때는 그런 시절'이었다 하더라도 2017년의 대한민국은 그런 시절을 살고 있지 않다. 그러나 그는 끝내 제대로 반성하지 않았다.

　사실 그의 성희롱 어록을 보면 무엇이 문제인지 이해하지 못하기 때문에 반성도 불가능함을 알 수 있다. "설거지나 빨래는 여자들이나 하는 일", "추미애, 집에 가서 애나 봐라", "바른정당, 본처라고 우겨도 첩은 첩일 뿐", "여자는 밤에나 쓰는 것" 등등. 그는 여자는 남자보다 열등하고, 여자의 일과 남자의 일은 명백하게 분리되어 있다는 낡은 사고방식에 갇혀 있다. (그리고 말은 제대로 하자. 애나 보라니. 육아는 자기 배를 불리는 일에나 관심 있는 정치인들의 협잡보다 훨씬 더 가치 있는 일이다.)

　여성을 전인적인 존재이자 동료로 보지 않는 태도는 배현진 전 아나운서 입당 기자회견에서도 드러났다. 그는 기자회견장에 들어온 배현진 신입 당원을 이렇게 소개했다. "얼굴만 예쁜 것이 아니라 속도 꽉 찼다." '차떼기 정당'이라는 오명하에 그 정치적 위기를 신선한 여성 정치인의 얼굴을 이용한 이미지 세탁으로 극복한 전력이 있는 정당에 어울리는 말이 아닐 수 없다. 배현진의 영입이 '이미지 정치용'임을 엿볼 수 있는 대목이다.

　물론 최악은 미투운동을 농담거리와 정쟁의 도구로 삼는다는 것이다. 그는 얼마 전 임종석 비서관과 만난 자리에서 "안희정(사건)이 임종석이 기획했다는 이야기가 있던데"라며 웃었다. '3월 혁명'이라 할 만한 미투를 어떻게 생각하는지 정확하게 보여주는 장면이다. 그는 성폭력에 대한 고발 자체를 하나의 목적으로 보지 못하고, (자신의 관점에서) 더 큰 대의를 위한 수단으로

만 이해했던 셈이다.

물론 이는 2017년에 한국당이 개최한 젠더폭력 간담회에 등장해서 "젠더폭력이 대체 뭐냐"라고 묻고 "엄처시하"(엄한 아내 밑에서 아내를 모시고 사는 남편) 운운했던 것에서 이미 예견된 일이다. 권력관계로서의 성⬛에 대한 이해가 전혀 없는 것이다. 옆에서 함께 실실거렸던 장제원 의원이나 웃음으로 넘긴 임종석 비서관 모두 부끄러운 줄 알아야 한다.

홍 대표는 한국당에서 미투의 목소리가 나오지 않는 것에 대해 자부심이 대단한 모양이다. 아마 "입단속 잘 하고 있다"는 만족감일 터다. 2000년부터 지금까지 기사화된 한국당 성희롱, 성추행 타임라인을 정리한 '노컷뉴스'의 〈왜 한국당은 미투를 두려워할까?〉라는 기사만 봐도 한국당이 청정구역이 아니라는 사실은 명백하다.

한국당에서 미투가 나오지 못하는 이유는 간단하다. 남성은 물론 여성 의원들도 무엇이 성폭력인지 판단할 만큼 의식화되지 못했기 때문이고, 스스로 피해 사실에 대해 말할 만큼 주체화되지 못했기 때문이다. 물론 문제를 제기했을 때 당 및 지지자들로부터 처참하게 묵살당하거나 제거당하지 않을 것이라는 확신이 없다는 점 역시 간과할 수 없다. 침묵은 한국당 소속 여성 정치인들의 그야말로 '정치적 선택'인 셈이다. 여기에 자랑스러워할 부분이 도대체 어디 있는가?

홍준표 대표가 특별히 더 저질인 것은 아니다. 다만 오만에 빠져 이 세상에는 '하지 말아야 할 말'이 있다는 것을 잊은 자의 고삐 풀린 입을 보여줄 뿐. 그리하여 나는 바라고 기대한다. 홍준표 당신이 누리고 있는 그 자리에서 내려올 때, 당신의 얼굴이 이 추잡한 시대의 종언을 알리는 마지막 얼굴이 되기를.

2018. 3. 20.

—— "여성가족부가 '가부장제 이후'의 새로운 문화와 제도를 만들어나가겠다."

진선미 의원이 개인 SNS에 올린 여성가족부 장관 내정 인사 중 일부다. 고개를 갸우뚱하다가 얼마 전에 들은 이야기가 떠올랐다. "이제 모권 사회가 됐다고들 해요. 결혼을 하면 처갓집 근처에서 살아야 하고, 집안에서 여자 목소리가 더 크다고 말이죠." 아, '가부장제 이후'란 이런 의미인가? 하지만 과연 이런 일들이 한국사회가 부권 사회에서 모권 사회로 넘어갔다는 증거가 될 수 있을까?

이는 사실 가부장제의 성역할 고정관념 안에서 육아와 가사가 여전히 여성의 몫이기 때문에 벌어지는 일이다. 돌봄노동을 꽤 공평하게 나눠 하는 맞벌이 부부의 경우에도 일 분담의 관리자는 대체로 여성이다. 워킹맘의 핸드폰은 친정엄마, 학원 선생님, 아내의 결정을 기다리는 남편 등등의 메시지로 정신없이 울린다.

하지만 모권 사회 운운에도 나름의 이유는 있다. 1990년대

탈권위주의 시대와 경제난을 거치며 '고개 숙인 아버지'가 등장하면서, 가부장의 권위와 경제권에 의존한 가부장제는 흔들리기 시작했다. 강력한 아버지가 사라진 것처럼 보이니 강력한 어머니가 오고 있다고 착각한다. 그러나 우리가 경험하고 있는 건 가부장제의 성격 조정에 불과하다. '강한 아버지 모델'이 가고 '남성연대 모델'이 자리 잡고 있는 것이다.

이는 서구에서는 이미 18세기에 이루어진 전환이다. 그래서 근대의 가부장제를 전통적 부권 사회paternal patriarchy와 비교해 남성연대에 기반한 형제애 사회fraternal patriarchy라고 칭하는 학자도 있다. 서구 가부장제에서 여성혐오 문화가 여전해도 '시월드' 문제는 심각하지 않은 이유다. (시월드란 결국 시어머니를 관리자로 둔 시아버지의 세계이니 말이다.)

이런 가부장제의 성격 변화는 정치적 변화와 맞물려 진행됐다. 린 헌트에 따르면 18세기 유럽인의 정치적 상상력은 가족 구조에 근간을 두고 있었다. 그들은 지배자를 아버지로 여겼고, 국가를 가족의 확장으로 이해했다. 국왕을 '국부', 왕비를 '국모'라 부르며 받든 것은 그 때문이다. 프랑스혁명기에 남성들은 국부와 국모의 목을 치고 형제애fraternity를 말함으로써 이런 전통적 가부장제 및 절대주의 왕정과의 단절을 도모했다. 그리하여 왕정에서 공화정으로의 전환과 함께 진행된 것은 가부장제의 성격 변화였다.

그러나 살부殺父와 함께 '누이 살해' 역시 진행된다. 이 '형제'들이 여성도 주권자임을 주장했던 올랭프 드 구주의 목을 친 것은 매우 상징적인 사건이었다. 남성들은 여성을 광장에서 지움으로써 혁명을 부르주아 형제들만의 역사로 전유할 수 있었다. 그렇게 강력한 가부장은 사라졌지만, 남성 중심적인 여성혐오 문화는 유지된다.

한국과 프랑스의 가부장제를 한 줄에 세울 수는 없지만, 최근 문재인 정권을 보면 18세기 프랑스 격동기를 풍미했던 형제애를 떠올리게 된다. 촛불을 통해 박근혜 전 대통령을 끌어내린 것은 한편으로는 여전히 건재했던 '아버지 박정희'라는 신화의 목을 치는 정치적 행위였다. 하지만 여전히 권력자가 되지 못했다는 불안에 떠는 '형제'들의 여성혐오는 더욱 강해졌고, 이를 바탕으로 내부 결속을 다지는 남성 원팀 정치가 시작됐다. 예컨대 2018년 지방선거에서 여당은 단 한 명의 여성 광역단체장 후보도 내지 않았다.

다만 21세기 대한민국에서 형제애는 '브로맨스'라는 형식을 띤다. "문재인-김정은, 오늘부터 1일"이라던가 "첫눈 오면 놓아주겠다" 같은 로맨스의 수사가 정치적 상상력을 사로잡고 있는 것이다. 이는 여성을 정치적 주체에서는 배제하되, 그 이야기의 소비자로 소환해내는 묘기를 선보인다. 남성 원팀 정치가 여성을 '표밭'으로만 여긴다는 의미다. 로맨스가 된 정치는 달달하지만 그 기저에 깔려 있는 여성 배제는 씁쓸하다.

우리는 아직 '가부장제 이후'를 만나지 못했다. 새로운 여

가부의 성패는 이 '남성 원팀 정치'와 어떻게 잘 갈등하고 잘 교섭하는가에 달려 있을 것 같다. 응원한다.

2018. 9. 4.

—— 젠더 갈등이 문제라고들 한다. 하지만 그보다는 우리 시대의 젠더 갈등을 초래한 한국사회의 '성별화된 사회 인식'이 더 문제인 것 같다.

성별화된 사회 인식이란 성별 고정관념에 기대어 사회적 상황들을 이해하고 해석하는 인식론적 틀을 말한다. 예컨대 1997년 외환위기[※]를 '남성=아버지의 위기'로 해석하는 경우에서 이를 확인할 수 있다. 포스트 IMF를 묘사하는 대표적인 유행어가 무엇이었나? "아빠 힘내세요"였다. 더불어서 "부~자되세요!!", "신ᵃ현모양처"가 있었다.

이 세 유행어는 한국사회가 IMF에 어떻게 대처했는가를 잘 보여준다. 이를 '아버지들의 위기'로 이야기하고, 그들이 "노오력해서 부자가 될 수 있다"면 이 위기를 극복할 수 있다고 설득했다. 이런 수사 안에서 IMF는 구조의 문제가 아닌 개인의 문제가 되고, 그 개인의 얼굴은 '남성'으로 상상된다. 이때 여성의 자리는 "남편 기 살려주고 자식 건사도 잘하면서 동시에 맞벌이를 하는" 신현모양처의 자리였다.

이처럼 한국은 경제적이고 정치적인 형질전환으로 위기를 극복한 것이 아니라, 성별화된 문화적 위로를 경유해 위기를 외면했다.

그러나 IMF는 남녀 공히 함께 경험한 재난이었다. 이뿐만 아니라 대대적인 구조조정에서 제일 먼저 해고되어 비정규직으로 내몰린 것은 여성 노동자들이었다. 하지만 그들의 고통은 제대로 다뤄지지 않았다. 당시 화제가 됐던 맥주 브랜드 카스의 CF '너무 예쁜 그녀-지갑' 편을 떠올려보자. 맥줏값을 낼 돈이 없는 남자친구에게 커리어우먼인 여자친구는 자신의 지갑을 건넨다. 하지만 왜인가? 왜 '여자'라는 성별이 해고의 기준이 되었던 시대에, 남자의 지갑에도 없는 돈이 여자의 지갑에는 있다고 상상되었는가?

이런 분위기는 2000년대 이후 부성 멜로드라마의 인기로도 이어졌다. 〈내 딸 서영이〉(KBS)나 〈7번방의 선물〉(2012) 같은 작품들에서 아내는 남편을 버리고 도망갔거나 죽어버렸고, 딸은 홀로 잘났으며, 아들의 존재감은 사라지고 없다. '고개 숙인 아버지와 똑똑한 딸'이라는 상상력이 지배하는 시대. 욕심 많고 뭐든 잘하는 남자아이들을 '알파보이'라고 하지 않는 사회에서 유독 여자아이들만을 '알파걸'이라고 부르기 시작한 것도 2000년대 이후 현상이다.

2016년 즈음, 사람들은 온라인 여성혐오의 원인으로 "나와 연애해주지 않는 여자"에 대한 남성들의 분노를 꼽았다. 2018

년 정부산하 연구소에서는 한국 저출산의 원인으로 "고스펙 여성들이 하향결혼하지 않는 것"에 주목했다. 한국여자들은 잘 나가고 한국남자들은 기가 죽고 말았다는 인식이 강화, 확대되고 있는 것이다. 그리하여 남녀 공히 불안 위에 서 있을 때에도, 남성의 어려움만은 그토록 짠하고 여성의 투쟁은 '알파걸들의 투정'으로 폄하된다. (그런데 참 이상하다. 이토록 여성들이 잘났음에도 왜 남녀 평균임금 격차는 여전히 대략 35퍼센트나 나는 것일까.)

그런데 "나와 연애해주지 않는 여자"라는 표현 뒤에 거대한 괄호가 존재한다는 사실을 잊지 말아야 한다. 그 괄호 안에는 '그러나 성공한 남자, 돈 많은 남자와는 결혼하는 여자'라는 말이 숨어 있다. 이런 상상력과 연결된 조어가 바로 '김치녀=남자의 경제력에 빨대 꽂아 사치하는 무개념녀'다.

이처럼 한국사회에는 여전히 '남성=경제력', '여자=성공한 남자의 트로피'라는 가부장제의 오래된 도식이 살아 있다. 청년 여성들이 싸우고 있는 것은 가부장제의 이러한 지배규범이다. 반면 어떤 남성들은 가부장제의 판을 용인하면서, 이 위에서 '분배정의'의 문제로 화를 내고 있다. 여자를 비롯한 다양한 자원을 공평하게 나눠 갖지 못하는 것에 대한 분노인 셈이다.

그러므로 '젠더 갈등'이라는 말을 잘 들여다봐야 한다. 여성운동에서 젠더 갈등이란 가부장제의 성차별주의를 뒤집기 위한 필수적인 과정이라면, 남성 중심적 사고방식에서 말하는 젠더 갈등이란 '잘나가는 여자 vs 고개 숙인 남자'라는 판타지로부

터 비롯된 날조된 프레임이다. 젠더 갈등을 논하려면 이런 상이
한 이해부터 바로잡아야 한다.

2019. 6. 18.

—— 2012년 7월 20일 미국. 〈다크 나이트 라이즈〉가 상영 중인 오로라 극장에 여러 발의 총성이 울린다. 조커에게 감동받은 청년 제임스 홈스는 이 날 80여 명의 사상자를 내고 체포됐다. 전문가들은 그가 "타인과 정서적으로 소통하는 데 어려움을 겪었고, 괴롭힘과 따돌림의 대상이 되어왔던 터라 조커와 동일시하게 되었을 것"이라고 설명했다.

논란의 대상이 되고 있는 〈조커〉(2019)를 본 뒤, 나는 내내 이 사건에 대해 생각했다. 영화의 주인공 아서 플렉(호아킨 피닉스)과 제임스 홈스가 뫼비우스의 띠처럼 얽혀 있었기 때문이다. 실존 인물인 홈스가 자신을 조커와 동일시하면서 영화를 현실로 만들어버렸다면, 허구적 인물인 아서는 홈스와 같은 실존 인물들에 이입해서 만들어진 캐릭터로 현실을 영화로 옮겼다는 평가를 받았다.

아서가 참조하고 있는 사람들을 미국에선 '인셀 incel'(비자발적 순결주의자)이라고 부른다. 대체로 20~30대, 애인 없는, 백인, 이성애자 남성인 인셀은 강력범죄를 저지르기도 한다는 점에서

사회적 문제가 되고 있다.

당연하게도 아서의 이야기와 인셀이 세계를 인식하는 방식은 공명한다. 특히 아서가 조커로 거듭나는 전환의 장면은 꽤 노골적이다. 막 일자리에서 해고된 아서는 지하철에 앉아 있다. 금융권에서 일하는 세 명의 양복쟁이들이 지하철에 탄다. 그들이 건너편에 앉아 있는 여자를 괴롭히자 여자는 아서에게 도움을 청하는 눈빛을 보낸다. 아서는 나설 생각이 없지만 곤란하면 발작적으로 터지는 웃음 탓에 집단 구타를 당하게 된다. 여자는 이미 도망치고 난 뒤다.

아서는 결국 총을 난사하고 스스로를 구원한다. 그리고 스토킹하던 옆집 여자와 섹스를 나눈다. 조커가 탄생하는 순간이다. 하지만 이 섹스는 완전히 붕괴된 아서의 머릿속에서 벌어진 환상이었을 뿐이다.

이렇게 아서의 괴물로의 (혹은 영웅으로의) 변신을 묘사하는 시퀀스의 시작과 끝에 여자가 있다. 이 이야기에서 현실의 여자는 아서에게 위험을 떠넘긴 채 자리를 떠났지만, 망상 속의 여자는 영웅이 된 조커에게 기꺼이 자신의 몸을 내준다.

한편, 조커를 낳은 것은 '토머스 웨인'이 상징하는 부패한 사회의 금융자본이다. 이런 설정은 전혀 새롭지 않다. 다만 영화가 웨인을 설명하는 방식만은 흥미롭다. 그는 거대한 저택에 집사를 거느리고 살면서도 산업 자본주의에 대한 가장 급진적인 비판인 〈모던 타임즈〉(1936)를 보며 여가를 보내는 진보적 문화

엘리트다. 정치 신성 트럼프가 2016년 대선에서 '인민의 적'으로 지목했던 바로 그자들. 그들은 사회주의자의 코미디를 보면서 문화적 취향을 뽐낼 시간은 있지만, "내가 당신의 아들"이라고 울부짖는 청년의 고통에 귀 기울일 여유는 없다.

　　소수자와 다양성 문제에 관심이 있었던 팀 버튼의 '배트맨' 시리즈와 선을 그으며 등장한 크리스토퍼 놀란의 '다크 나이트' 시리즈는 "윤리적 자본과 건강한 국가 시스템"에 대해 강조하면서 '건강한 보수'의 가치를 세련되게 설파했다. 그러나 인셀은 총기 난사로 그에 응답했다. 그렇게 트럼프 시대가 열렸다. 그리고 2019년, DC 유니버스의 외곽에서 등장한 〈조커〉는 인셀의 손을 들어준다. '다크 나이트'에서 '조커'로의 이동은 집권 세력이 전통적인 보수에서 '티파티'로 이동한 것과 공명하는 셈이다.

　　물론 영화 속 아서는 한심한 관종일 뿐이고, "내가 광대다"를 외치는 마스크맨들은 분노를 조절하지 못하는 폭도에 불과하다. 하지만 이야말로 인셀의 은밀한 옹호자들의 자기인식이다. 그들은 스스로가 선량하고 억울한 피해자라고 주장하지 영웅이라고 주장하지 않는다. 영화는 그들과 함께 선다. 관객들이 공감하지 않을 아서의 범죄는 의도적으로 삭제하거나(B호실 여자는 어떻게 됐을까?) 코미디로 산화시켜버리고(발자국에 묻어나는 피는 상담사의 것이었겠지?), 아서의 흑화를 적극적으로 이해해주면서 말이다.

　　현실과 영화 사이의 경계가 무너져 내리는 건 여기에서다.

아서와 인셀, 그리고 인셀의 옹호자들이 같은 변명 혹은 망상을 공유하고 있는 것이다. 그러므로 두려워할 것은 모방범죄가 아니다. 이미 편재하는 폭력의 반복과 지속이다.

어쩌면 이것이 마블과 경쟁하는 DC의 전략인지도 모르겠다. 정치적 올바름을 '마블=기득권 엘리트의 것'으로 밀어내면서, 마블의 행보에 동의하지 못하는 관객들에게 광대들의 스펙터클을 선사하는 것. 이 치밀하게 계산된 정교한 영화 앞에서 생각이 복잡해진다.

2019. 10. 8.

── 남자에 대해서 생각할 때가 왔다. 우리는 너무 오랫동안 남자는 인간으로, 여자는 그 인간에 대한 결핍이자 타자로 여겨왔다. 이제 우리는 '보편인간'으로 상상된 남자가 아니라, 성별을 가진 존재, 즉 성화된 존재로서의 남자에 대해서 적극적으로 말해야 한다. 지금 여기에서 벌어지고 있는 성적인 폭력과 차별은 남자만을 보편적인 인간으로 다뤄온 사유의 한계 속에서 등장한다. 그리고 그 한계야말로 남자인 당신을 옥죄고 있는 굴레다.

남자만을 인간으로 생각한다니, 무슨 말일까? 리우 올림픽 중계 '막말 대잔치'를 떠올려보자. "여성 선수가 저렇게 쇠로 된 장비를 다루는 걸 보니 인상적"(펜싱), "살결이 야들야들하다"(유도), "○○○ 선수 착하고 활도 잘 쏘니까 일등 신부감"(양궁) 등등등. 여성은 운동선수로서의 자질보다는 그의 성별이나 외모, 사회적 관계 안에서 평가받고 묘사된다. 남자 선수들의 경기에서 이런 예는 드물다. 이는 남자 선수는 '선수'에, 여자 선수는 '여자'에 방점을 찍는 우리 사회의 성차별을 드러낸다. 남자는 '보편'이 되고, 여자는 '여자'가 된다는 말은 이런 의미다.

그런데 남성이 인간으로서 대표성을 띠는 순간, 남성 내부의 차이는 지워져버린다. 예컨대 남성들 사이의 계급차는 '인간 내부의 차이'가 되지 '남성 내부의 차이'로 이해되지 않는다. 하지만 이 사회에서 여성이 여성으로서 차별당하듯 남성은 남성으로서 차별받는다. 가부장제에서 남성들은 같은 지위를 누리지 않으며, 따라서 같은 권력을 행사하지도 않기 때문이다. 하지만 남성은 '인간으로서 동등하다'라는 환상에 빠져 근본적인 모순과 대적할 수 없게 되었다. 그리고 그 감각은 '여성 교환'을 통해 획득된다.

근대 초창기, 자본주의라는 새로운 형태의 경제체제는 기존에 이미 효과적으로 작동하고 있던 가부장제에 올라타면서 그 힘을 더욱 견고하게 굳힐 수 있었다. 부르주아 남성은 노동자 남성에게 '여자와 결혼할 법적 권리'를 부여함으로써 '동등한(남성) 인간'이라는 환상을 만들어냈다. 여성과 가족 구성권을 선물하면서 노동자를 길들인 것이다. 한국 여성혐오의 한 근간으로 지적되는 '식민지 남성성'이 작동하는 방식도 유사했다. 일본제국은 '내선일체'의 감각을 주입하기 위해 일본 여성과 조선 남성의 결혼을 과도하게 홍보한다.

여성의 교환을 통해 만들어진 남성 간 '평등'이란 허구다. 내가 여성을 소유하고 사회적 소수자 위에 군림한다고 해서 세계에 군림하는 '어떤 남자'들과 동등한 관계가 될 리 만무하다. '이건희'와 미래가 불안한 남성 청년은 전혀 같지 않다. 다만 '같을 수 있다'고 상상될 뿐이다. 이때 여자는 일종의 트로피로 '이건희'와 '나' 사이의 차이를 드러내는 존재들일 뿐이다. 그러므로 나와 연애하지 않는 여자, 결혼하지 않는 여자는 '김치녀'가 된다. 하지만 불평등을 만드는 건 '헬조선'이라는 계급사회이지 당신과 연애하지 않는 '그 여자'가 아니다. 나의 불행을 더 열악한 지위에 있는 자의 탓으로 돌리면서 진정한 싸움을 회피하는 것이야말로 노예의 삶이다.

남자들에게 페미니즘이 무슨 소용인가? 대답은 명백하다. 바로 당신의 해방을 위해서 페미니즘은 필요하다. 페미니즘은 "성차별주의 및 그에 근거한 착취와 억압을 종식시키려는 운동"(벨 훅스, 《모두를 위한 페미니즘》)이다. 우리가 남성을 성적인 존재로 인정하고 나면 남성 간의 차이가 드러나고, 그 차이로부터 성차별을 당해온 남성의 역사가 발견된다. 역차별이 아니다. 당신은 기득권 남성들로부터 이미 성차별을 당해왔다.

〈내부자들〉(2015)이라는 영화 제목이 암시하는 것처럼 '남성연대'는 '이미 충분히 가진 내부자들'의 것이지 당신의 것이 아니다. 어떤 남자들은 채팅방에서 여자 동기들의 외모를 품평하며 낄낄거리거나, 온라인으로 '몰카'를 공유하면서 '남성연대'라는 안전망을 가졌다고 느낄지도 모르겠다. 그러나 그 왜곡된 연대는 제대로 작동하지 않는다. 그로부터 아무런 실질적인 경제적, 정치적 이득을 취할 수 없기 때문이다. 당신이 싸워야 할 대상은 떨어지지도 않을 '콩고물'에 대한 판타지를 주입함으로써 자신들의 이익을 축적해가는 기득권 남성들이자 그 남성들에게 힘을 주는 가부장제라는 구조다.

남성 페미니스트는 가능하다. 아니, 그건 이 망가진 세계에서 생존하기 위해 필수적인 정체성이다. 벨 훅스의 말을 당신에게 전한다. "더 가까이 오라. 페미니즘이 당신의 삶과 우리 모두의 삶에 어떤 영향을 미치고 어떤 변화를 일으키는지 지켜보라. 더 가까이 오라. 와서 페미니즘 운동이 진정으로 어떤 것인지 직접 살펴보라. 더 가까이 오라. 그러면 당신은 알게 될 것이다. 페미니즘은 우리 모두에게 좋은 것임을."

2016. 8. 31.

—— "기독교혐오는 왜 다루지 않나요? '개독'도 혐오 표현이잖아요?"

'혐오표현의 실태와 대책'이라는 포럼의 청중석에서 나온 질문이다. 이 포럼은 한국사회의 혐오에 대해 진단하고 성소수자, 장애인, 이주민 등을 대상으로 하는 혐오 표현의 실태를 살펴본 뒤, 법적, 제도적 대응 가능성을 모색하는 자리였다. 당연히 성소수자 및 '좌파'에 대한 혐오를 조장하는 기독교 혐오세력에 대한 이야기도 나왔다. 그러자 혐오에 대한 논의의 장에서 오히려 기독교가 '역차별' 당하고 있다는 항변이 등장한 것이다. (물론 '개독'이란 말이 포럼에서 사용된 것은 아니다.) 난감했다. 무엇보다 한국에서 혐오라는 말이 사용되는 맥락의 혼란스러움 때문이었다.

요즘 한국사회에서 '혐오'는 그야말로 '데우스 엑스 마키나 deus ex machina'가 되었다. 모든 것이 '혐오'로 쉽게 설명된다는 뜻이다. 예컨대 '여성혐오'라는 말이 그렇다. 지난 2년간 '여성혐오'가 해온 역할은 분명하다. 여성들이 무언가 부당하다고 느껴도 설명할 수 없었던 것을 이제 '여성혐오'라고 이름할 수 있게 되었다. 덕분에 부당한지 몰랐던 것들에 대해서도 질문할 수 있게 되었고, 함께 싸우고자 하는 사람들이 모일 수도 있었다. '여성혐오'는 여성들에게 언어와 힘을 부여했다.

하지만 그에 따른 부작용도 생겼다. 너무 많은 것이 '여성혐오'로 불리면서 말의 힘이 약해지거나, 여성에 대한 배제와 차별, 폭력의 복잡한 결이 오히려 단순화되기도 했다. 덕분에 '페미나치'라거나 '남성혐오'와 같이 본질을 흐리는 말도 등장했다. 사회적으로 문제가 되는 '혐오'가 정확하게 규정되지 않았기 때문에 그 말의 사용에 부당함을 느끼는 경우가 생기거나 "혐오할 권리를 침해하는 것은 또 다른 혐오"라는 이상한 논리가 성립된 것이다.

점점 확대되고 있는 소수자에 대한 혐오를 현실적으로 다루려면 '혐오'의 의미를 한정적으로 규정하고 효과적으로 사용할 필요가 있다. '혐오표현의 실태와 대책'은 그런 구체화를 시도하는 자리였다. 여기서 논의된 '혐오'는 인간이 일상적으로 느끼는 혐오의 감정 그 자체가 아니다. 개인의 감정을 법적, 제도적으로 규제하는 것은 불가능하다. 오직 그런 감정을 빌미로 특정 집단을 낙인찍은 뒤 폭력을 휘두르고, 제도적 차별을 조장하며, 그렇게 타인을 실존적으로 위협할 때, 우리는 그것을 '혐오표현'이라고 이름하고 규제할 수 있다. '혐오 표현'을 '증오 조장' 및 '차별 선동'으로 재규정해야 한다는 말은 그래서 나온다.

그러므로 '개독'을 혐오 표현으로 다루려면 그 말이 만들어내는 효과를 살펴봐야 한다. 만약 기독교인으로서 종교의 자유가 보장되지 않고, 구직활동에 제약이 생기며, 일상생활에서 폭력을 당하는 등 차별의 대상이 된다면 당연히 기독교에 대한 혐오 역시 논의되어야 한다. 그러나 그런 일은 벌어지지 않았다.

이런 맥락에서 보자면 "개독도 혐오표현"이라는 말은 언어 전도다. 동성애혐오와 기독교혐오가 한 탁자 위에 올라갈 수는 없다. 동성애자들은 특정 종교에 대해 집단적으로 증오하고 합법적으로 차별하자고 선동하지 않는다. 하지만 일부 기독교인들은 그렇게 한다. 그것도 정치적 영향력을 가지고서 말이다. 차별금지법 제정을 막아서고 서울시민인권헌장과 관련해서 박원순 시장을 무릎 꿇게 한 것을 기억해보라.

'남성혐오'라는 말도 난감하긴 마찬가지다. 얼마 전 〈JTBC 뉴스룸〉에서는 메갈리아를 '여성 일베'라 말하고 '남성혐오' 운운했다. 그런데 메갈리아가 남성들을 차별하는 어떤 특별한 효과를 만들어내고 있는가? 나는 미러링이라는 전략이 나와 다른 타인을 미워하고 편을 가르는 강력한 감정인 혐오를 내면화하는 것을 염려한다. 무엇보다 때때로 이주민이나 타 인종, 성소수자들이 그 대상이 되기도 하기 때문이다. 하지만 미러링을 비롯해 소위 '남성혐오'라고 불리는 여성들의 활동은 단순하지 않다. 폭력의 쾌락에 동참하는 유희이거나 관심을 끌기 위한 왜곡된 인정투쟁일 수도 있지만, 일상이 된 폭력으로부터 살아남기 위한 생존 전략일 수도, 그와 싸우기 위한 수단일 수도 있다.

이런 복잡한 움직임을 하나의 단어로 정리해버리는 것은 편리하다. 사유가 필요하지 않기 때문이다. 그저 널브러져 있는 말을 주워 조합하면 된다. '남성+혐오', '기독교+혐오', '역+차별'처럼 말이다. 하지만 '여성혐오'라는 말이 대중적으로 공유되기까지 사람들이 치열하게 사유하고 힘겹게 싸워야 했던 수많은 관습과 편견, 제도적 차별의 역사를 생각해보자. '남성혐오'라는 말은 얼마나 게으른가.

　　'여성 일베'도 다르지 않다. 이 말은 한국사회에서 혐오가 만연해지는 맥락을 단순화하고 일베가 표상하는 사회의 모순을 남녀 간 성 대결로 간단하게 바꿔버린다. 혐오의 문제를 남녀의 성 대결로 치환했을 때 '손 안 대고 코 푸는 자'들은 누구인가. 여성과 남성 사이의 임금 격차를 자연스럽게 여기는 사회적 분위기는 자본가들에게나 이득이고, 복지를 '가사'라는 이름의 여성 무급 노동으로 해결하는 것은 책임을 최대한 가볍게 하려는 정부에게나 이득이다. 그러므로 우리는 누구와 싸워야 할지 분명히 할 필요가 있다. 사유의 게으름이야말로 혐오와 싸우기 위해서 극복해야 할 대상이다.

2016. 2. 17.

── 백남기 농민이 영면하셨다. 그는 지난해 11월 민중총궐기에 참여했다가 캡사이신 물대포에 맞고 쓰러져 결국 깨어나지 못했다. 경고 방송이나 예비 분사도 없이, 규정을 훨씬 웃도는 10기압 이상의 물대포가 그의 머리를 가격했다. 그러나 제대로 수사가 진행되지도, 누구 하나 책임을 지지도 않았으며, 심지어 사과 한마디 없었다. 이와 같은 무대응은 박근혜 정부의 트레이드마크가 된 지 오래다.

　　물론 기민하게 움직이는 경우도 있다. 적절한 수사는 진척되지 않되, 은폐의 움직임은 기가 막히게 빠르다. 백남기 농민이 위독하다는 소식이 전해지자 경찰 3개 중대 250여 명이 병원 앞을 가로막았다. 경찰에서는 이유를 제대로 밝히지 않았지만, 백남기 대책위 측에서는 '부검 시도' 때문일 것이라 추측했다. 검찰의 의도는 투명하게 들여다보인다. 사고 후 317일이나 지났으니, 부검을 해도 물대포가 직접적인 사인이 아닐 가능성이 농후하다는 계산이 섰을 터다. 그러므로 대책위와 유가족이 부검을 거부한 것은 자연스럽다. 부검은 '과잉진압이 국민을 죽였다는 명명백백한 진실'을 가리기 위한 요식행위에 불과하다는 의심을 지울 수 없기 때문이다.

이처럼 그야말로 국가에 의한 국민살해가 진행되는 와중에 대통령은 장차관들에게 "내수 진작을 위해 골프를 치라"고 주문했다고 전해지고, 여당 당수는 국회의장을 끌어내리겠다며 단식을 시작했다고 한다. 그가 느낄 그 허기야말로, 내가 상상할 수 있는 가장 수치스러운 허기다. 국민을 대의하기 위해 그 자리에 앉아 있는 사람들은 왜 민심에는 아무런 관심이 없는가? 사드 배치, 지진의 공포, 그리고 계속되는 국민의 죽음 속에서 정말로 중요한 문제는 무엇인가?

우리는 '민주적 절차를 통해 선출된 대통령'의 집권기에 수많은 사람들이 무참하게 죽어가는 것을 목격하고 있다. 세월호 참사가 있었고, 가습기 살균제 살인 사건이 진행 중이며, 수많은 하청노동자들이 안전하지 않은 노동조건 때문에 사고사를 당했다. 그리고 이 정권이 결정한 노후 원전 가동 연장 및 추가 원전 건설 계획은 대형 재난을 예고하고 있다. 그러나 정부는 이 중 어떤 문제에도 해결의 의지를 보이지 않는다.

무엇보다 이제는 매일 40명에 달하는 국민이 자살을 선택한다. 사회학자 노명우는 《세상물정의 사회학》에서 말한다. "자살률을 낮출 수 있는 방법 찾기는 국가와 정책입안자의 몫이다." 그런데 국가와 정책입안자들은 무엇을 하고 있는가? "만약 이들이 그 방법을 찾아내지 못한다면 그들은 자살 방조죄로 기소되어야 하며, 또한 그들을 기소하지 않는 사회는 범인 은닉죄로 고발되어야 한다."

대통령은 일찍이 '테러 근절'을 선포했으나, 그가 염려했던 그 어떤 테러보다 많은 숫자의 사람들이 정부의 폭력과 무능, 살인 방조 속에서 생명을 잃었다. 그렇다면 대한민국 국민이 진정으로 걱정해야 할 것은 무엇인가? 테러인가, 아니면 이 정권의 의도적인 오작동과 비열함인가.

내년이면 30주년이다. 1987년의 뜨거운 광장이 제도적 민주주의를 이 사회에 가져다 준 그 시간으로부터 우리는 30년을 걸어왔다. 그렇게 열린 87년 체제는 명백한 한계를 담보하고 있지만, 그럼에도 불구하고 많은 가능성을 열어주었다. 페미니즘, 생태주의, 퀴어 액티비즘, 장애인권운동 등 질적 민주주의에 대한 논의 역시 87년 민주항쟁의 수혜 속에서 꽃필 수 있었다. 제도적 민주화와 시장 자유화가 모든 것의 답은 아니었지만, 천천히 다가오는 민주주의 앞에 울퉁불퉁한 길을 닦아준 것만은 사실이다.

지난 10년은 1987년 대한민국 국민이 목숨을 걸고 쟁취했던 그 '한 줌'의 민주주의마저 퇴행시키는 시간이었다. 87년 민주항쟁 30주년을 맞이하는 2017년 대선에서 정권교체를 이뤄내야만 하는 이유다. 이는 박근혜 정부와 새누리당을 적대하는 싸움이기 이전에, 이 땅에서 정치가 무엇이어야 하는지, 그 의미를 둘러싼 싸움이다. 무엇보다 "이렇게까지 부도덕하고 무능하게 국정을 운영해도 또 집권할 수 있더라"라는 메시지를 용인해서는 안 된다.

 그러나 맹목적인 목표로서 정권교체는 별 의미가 없다. 지난 10년의 정권이 특히 흉포했을 뿐, 국가가 국민의 목숨을 우습게 여긴 것이 하루이틀의 일도 아니고, 특정한 정권만의 문제도 아니었다. 우리에게 필요한 것은 치열한 정치의 결과로서 획득하는 정권교체다. 징벌적 차원에서의 차악을 선택하는 것이 아닌, 나름의 최선을 선택할 수 있는 대선을 우리 스스로 준비해야 한다. 그러려면 다양한 단위에서 사회의 형질전환을 위한 구체적인 논의들이 시작돼야 할 것이다. 한 손에는 투표권을, 다른 한 손에는 선결과제 요구와 정책 제안을 들고, 그렇게 우리는 정치세력화해야 한다. 87년 민주 항쟁 30주년을, 그에 걸맞는 방식으로 준비할 수 있기를 바란다.

2016. 9. 28.

—— 정치인들이 정치를 '대중문화'로 만들어버린 것은 하루이틀의 일이 아니다. 그것에 제일 능했던 이는 미국의 40대 대통령 로널드 레이건이었다. 배우 출신의 레이건은 자신이 주인공인 영웅담을 대중에게 선전하는 것이 실제 무슨 일이 있었는지보다 중요하다는 사실을 잘 알고 있었다. 이뿐만 아니라 연설, 협상, 그리고 정책과 관련해서도 할리우드로부터 많은 영향을 받았다고 알려져 있다.

⟨사운드 오브 뮤직⟩(1965)을 시청하느라 정상회담용 자료를 검토하지 못했던 일이나, 클린트 이스트우드의 "할 테면 해 봐. 오늘은 나의 날이야"라는 대사에 감동을 받아 의회의 조세 인상 법안에 거부권을 행사했다는 일화는 유명하다. 심지어 '미국의 위대함'을 설파하기 위해 인용하곤 했던 일화는 ⟨날개와 기도⟩(1944)의 한 장면이었다고 한다.

레이건은 그가 연기했던 배역의 이미지를 바탕으로 대중에게 어필했고, 이후 할리우드 백인 남성 영웅을 지도자로서의 자기 이미지이자 레이건 행정부의 이미지로 전유했다. 영화학자 수전 제퍼즈는 《하드바디》에서 이를 자세히 분석한다.

신자유주의의 시작을 알렸던 레이건 이후 36년. 신자유주의가 이제 그 생명을 다해가고 있는 시점에 대중문화가 길러낸 두 번째 대통령이 등장했다. 바로 도널드 트럼프다.

2000년대 초반. 연이은 부도로 위기에 당면한 부동산 재벌 트럼프는 독특한 생존 전략을 선택한다. 스스로를 이미지 상품으로 만들어 '트럼프 브랜드'의 가격을 올리기로 한 것이다. 그리하여 출현한 것이 〈어프렌티스〉(NBC)라는 리얼리티 서바이벌 쇼였다. 이 프로그램에서 출연자들은 트럼프 눈에 들어 살아남기 위해 서로 경쟁한다.

〈어프렌티스〉의 인기가 올라갈수록 그의 재산도 늘어갔다. 그리고 그의 성공신화는 미국의 성공신화로 다시 쓰여졌다. 이 신화에서 인간 군상은 영웅이 되기 위해 비열한 협잡꾼이 되기를 마다하지 않으며, 어떤 모욕도 견뎌낸다. 그것이 '생존'의 의미인 것이다. 〈어프렌티스〉를 경유해 자본의 독재와 신민의 무한경쟁은 오락이 되어버렸다.

그리고 10여 년 후. 그는 미국 대선이라는 또 한 편의 리얼리티 서바이벌 쇼의 주인공으로 대중 앞에 선다. 레이건이 할리우드의 고전적인 영웅을 자기 이미지로 참고했다면, 트럼프는 미국 대중문화의 가장 저열한 면모인 리얼리티 쇼의 천박한 자본가 이미지를 자원으로 삼았다. 대선 과정에서 전시했던 그의 독설과 소수자에 대한 혐오는 〈어프렌티스〉의 유행어 "너,

해고(You're fired)"와 다르지 않다.

그저 가십일지도 모르는 이런 이야기의 끝에 '길라임'을 떠올리게 된다.◆ 드라마 광팬으로 알려진 박근혜 씨는 일국의 지도자로서 어떤 자기 이미지를 가지고 있었던 것일까?

그야말로 '드라마틱한' 삶을 살아온 큰 영애의 이야기는 모든 국민이 알고 있었다. 그가 대통령이 될 수 있었던 이면에는 이런 '국민 드라마' 혹은 '우파의 신화'가 있었음은 분명하다. 특히 후보 박근혜를 믿고 따랐던 유권자들에게는 '장사꾼 이명박'과는 다른 '진성 정치인으로서의 우아함과 리더십'에 대한 판타지가 있었고, 그 판타지는 아버지 박정희가 영애에게 남겨준 위대한 유산이었다. "우리 근혜 불쌍해"와 "우리 근혜는 달라"라는 익숙한 말을 떠올려보라. 박근혜 스토리의 셀링포인트는 바로 이것이었다.

그래서 처음 그가 〈태양의 후예〉의 열렬한 팬이라는 이야기를 들었을 때에는 당연히 그의 자기 이미지가 '유시진'(송중기)일 것이라 생각했다. 군국주의의 화신이자 비열한 공무원들과는 질이 다른 고귀한 '귀족'으로서, 유시진은 우리를 구원할 아버지의 재림이었다. 그리고 그 영웅적 재림의 실현이 박근혜의 자기 이미지이리라 상상했던 것이다. 물론 이는 보기 좋게 어긋

◆　2016년 박근혜-최순실 게이트 당시 박근혜 전 대통령이 차움병원에서 드라마 〈시크릿 가든〉(SBS)과 〈태양의 후예〉(KBS)의 여성 주인공 캐릭터 이름인 '길라임'과 '강모연' 등을 가명 삼아 성형 시술을 받았다는 뉴스가 보도되었다.

났다. 박근혜 게이트의 '막장 드라마'로 추론해보자면, 그는 '길라임'(하지원) 혹은 '강모연'(송혜교)으로 자기 그림을 그리고 있었던 것 같다.

그렇다면 트럼프보다도 한심스럽다. 지도자로서 아무런 자기 비전이 없기 때문이다. 길라임과 강모연은 치열한 자기계발로 얻은 재능과 커리어와 '미모'를 전부 다 이성애 연애의 완성을 위한 자원으로 소진해버리는 신자유주의형 공주다. 그리고 이런 공주 이야기의 핵심은 백마 탄 구원자에 대한 판타지다.

업무를 시작하고, 수사를 거부하며, 홈페이지를 개편하는 등 청와대 차원에서 적극적인 대응이 시작됐다. 성실하게 수사를 받겠다던 것과는 사뭇 달라진 태도다. 옆에서 구원자들이 머리를 굴리고 있기 때문일 터다. 그들까지 발본색원해서 그의 판타지를 철저하게 깨는 것이 지금 우리 앞에 놓인 정치적 과제다. 더 이상 그에게 해피엔딩을 허할 수 없다.

2016. 11. 23.

—— 우아함이라곤 없었다. 박근혜·최순실 게이트 진상규명을
위한 청문회 말이다. 특히 대기업 총수들을 불러 앉혔던 1차 청
문회는 가관이었다. 신념이나 명예를 지키는 일에는 아무런 관
심도 없는 자들. 증인으로 출석한 자들은 '불법'보다는 기꺼이
'무능'을 선택한 것처럼 보였다.

비록 사회적 선(善)이나 정의에 부합하지 않는다 하더라도
자신의 믿음이나 철학을 지키기 위해 고군분투하는 사람에게는
고상함이라는 것이 있는 법이다. 〈뿌리 깊은 나무〉(SBS)의 '정기
준'(윤제문)을 떠올려보라. 그에게는 '악당의 기품'이 있었다. 하지
만 증인석에 앉은 자들 중에 그 정도의 품위를 지키려는 사람은
단 한 명도 없었다. 그들은 그저 "나는 모르오, 나는 무능하오,
나는 꼭두각시였오"를 읊조렸을 뿐이다.

나는 이 처절한 무능의 스펙타클 앞에서 기괴함을 느꼈다.
자유주의와 만난 자본주의의 최고 가치는 기회의 균등과 능력
본위에 기반한 합리성이다. 이 시대에 무능은 도태의 원인으로
여겨졌고, 무엇보다도 수치스럽게 여겨야 할 일이 되었다. 그리

하여 우리는 무능하다는 소리를 듣지 않기 위해 매일매일 발버둥친다. 그런데 저들은 자신의 무능을 전혀 부끄러워하지 않았다. 그저 '그 큰 눈'을 껌뻑거릴 뿐이었다.

수치심은 사회적인 맥락과 타인과의 관계 안에서 성립하는 매우 문화적인 감정이다. 무엇이 부끄러운 일인지는 공동체가 지정해주며, 타인의 시선은 우리가 스스로 그 기준을 내면화하도록 한다. '부끄러워 할 만한 일'은 그렇게 만들어진다.

그렇다면 재벌 총수들이 무능을 부끄러워하지 않았다는 사실이 시사하는 바는 무엇일까? 그것은 그들이 우리와 사회적 약속의 장을 공유하고 있지 않다는 것. 그들은 우리와는 다른 문법이 작동하는 장에서 살고 있으며, 그러므로 우리를 규율하고 있는 이 세계의 가치는 저들에게 아무런 행동의 지침도 제공하지 못한다는 것이다.

재벌 총수들의 전시된 무능과 뻔뻔함은 상징적이다. 평등, 능력 본위, 합리성 등을 내세우며 세계에 등장한 자본주의가 처절하게 실패하여 완전한 판타지로 휘발되었다는 것을 '한국 자본주의의 리더'인 그들이 몸소 보여주었다. 대물림되는 무소불위의 계급이 상존하는데 '개, 돼지들의 세계'에서 힘을 발휘하는 '능력'이 무슨 소용이 있겠는가? 법망의 공백을 찾아 그 안에 몸을 숨겨 어떻게든 당장의 곤란함을 피해가면 그만이다. 이 하루만 잘 버티면 영원과도 같은 부와 권력이 그들 앞에 있다. '인간'으로서의 고귀함이나 명예 따위, 중요할 리 없다. 그래서 그들은 역설적으로 스스로 '개, 돼지'가 되기를 선택했다.

그들의 무능을 손가락질하면서 이 사회를 지배하는 능력주의를 공고히 하자는 것은 아니다. 그보다는 기꺼이 무능함을 선택한 자들이 노동자들에게는 온갖 종류의 '스펙'과 자기계발의 신화를 강요하는 각자도생의 담론을 생산하고 있음을 비판해야 한다. 그리고 그들의 무능이 오히려 위세가 되는 순간을 포착해야 한다. 예컨대 이재용 부회장의 얼굴에 때때로 떠오르던 '교활한 썩소'는 바로 이런 이율배반이 흘러나오는 틈새였다. 우리는 모든 것을 개인의 문제로 만들어 우리를 구속하는 '유능함'이라는 주술로부터 벗어나되, 그들에게는 무능을 가장한 부정不 正/否定에 대한 응당한 책임을 물어야 한다.

지금 우리 눈앞에는 봉건적인 계급제가 근대적 자본주의의 탈을 쓰고 부활한 현장이 펼쳐지고 있다. 정유라가 '부모의 돈도 실력'이라고 말했던 것은 의미심장하다. 그는 '실력'이라는 말을 봉건적 언어로 왜곡했다. 이는 그들만의 문법이다. 그들의 문법이 우리의 문법을 침해해 오염시키는 것을 용인해선 안 된다.

수치심은 여성, 장애인, 유색인종, 동성애자 등 사회적으로 규정된 '정상성'에서 벗어난 소수자들을 억압하고 위축시킨다는 점에서 비판적으로 해석되어야 하는 감정이지만, 동시에 시선을 자기 내부로 돌리고 성찰의 기회를 가져온다는 점에서 순기능을 하는 문명의 감정이기도 하다. 바로 그렇기 때문에 우리는 이를 부끄러움을 아는 마음, 즉 '수오지심羞惡之心'이라 한다.

수오지심은 모멸감과는 또 다르다. 김기춘 전 비서실장과 그의 아내가 청문회 후 드러냈던 감정은 모멸감이었다. 모멸감은 억울함과 분노, 짜증 등을 동반한다. 그들은 모른다. 그들의 일생이 수치의 기록이라는 것을. 그리고 그 기록 앞에서 모멸감을 느껴야 할 것은 시민들이라는 사실을. 이제 우리는 이 모멸의 시대를 뒤집을 봉기의 시공간을 열었다. 이 혁명의 시공간이 그들에게 수오지심을 가르칠 수치심의 학교가 되기를 바란다.

2016. 12. 21.

—— "저는 여성이고 동성애자인데, 제 인권을 반으로 자를 수 있습니까?"

지난 2월 16일. 문재인 전 더불어민주당 대표가 성평등 정책을 발표하고 스스로를 '페미니스트 대통령'으로 선언하는 자리에서 한 여성이 외쳤다. 바로 이틀 전, 그가 한국기독교총연맹을 비롯 보수 개신교계가 모인 자리에서 "동성애를 지지하지 않는다, 국가인권위원회법으로 충분하므로 차별금지법을 제정하여 추가 논란을 불러일으킬 필요는 없다"고 말한 것에 항의하기 위해서였다. 여성이 소리를 치는 와중에 문재인은 "나중에 말씀드릴 기회를 드릴게요"라고 말했고, 이어서 청중들은 "나중에"를 연호하기 시작했다.

"동성애를 지지하지 않는다"라고 말하는 정치인의 '페미니스트 대통령' 선언. 우리는 이 간극을 어떻게 이해할 수 있을까. 대통령이 되기 위해 소수자의 인권을 팔아넘긴 자의 페미니즘 운운. 우리는 그것을 신뢰할 수 있을까? 이는 신념이라기보다는 전략일 뿐 아닐까. 물론 어떤 사람들은 "동성애를 지지하지 않는다"가 어떻게 '차별에 대한 찬성'으로 바로 연결되느냐고 반문한다. 그러나 차별금지법 제정을 둘러싼 투쟁에는 역사가 있고, 우리는 그의 발언을 그 맥락 안에서 볼 필요가 있다.

2003년부터 준비에 들어간 차별금지법은 2007년에 입법 예고된다. 이 법은 성별, 장애, 병력, 나이, 출신 국가, 출신 민족, 인종, 피부색, 언어, 출신 지역, 용모 등 신체 조건, 혼인 여부, 임신 또는 출산, 가족 형태 및 가족 상황, 종교, 사상 또는 정치적 의견, 범죄 전력, 보호처분, 성적 지향, 학력, 사회적 신분 등을 이유로 차별받지 않을 것을 규정하고 있다. 그러나 학력과 병력의 조건이 "자유로운 기업 활동을 방해"한다는 이유로 전경련의 반대에 봉착했고, 이어 보수 개신교가 "성소수자 차별을 금지하는 법안"으로 홍보하면서 대대적으로 반대 캠페인을 조직한다.

개신교가 제정 반대 캠페인에 앞장서면서 전경련 등의 움직임은 비가시화되고 이것이 '보수 개신교 vs 성소수자 인권운동'의 싸움처럼 보이게 되었지만, 기실 차별금지법 제정 반대는 소수자에 대한 차별을 바탕으로 자신의 기득권을 유지하는 이 사회의 '포괄적인 차별 찬성'이라고 할 수 있다. 문재인이 그 당사자들 앞에서 "동성애를 지지하지 않으며 차별금지법 제정에 반대한다"고 밝힌 것은 그 차별 캠페인에 대한 동의를 의미한다. 심지어 그가 대안으로 언급한 국가인권위원회법은 위원회의 설립과 운영에 대한 '조직법'이다. 이는 차별을 금지하고 평등권을 보장하는 역할을 할 수 없다.

사실 우리는 '동성애를 지지하냐 아니냐'라는 보수 개신교계의 질문이 만들어내는 교착의 프레임에 갇힐 것이 아니라, 오히려 한국에서 대통령이 되려면 왜 그렇게까지 보수 개신교의 눈치를 봐야 하는지 질문해야 한다. '대선 주자 잠룡'이었던 반기문이 출사표와 함께 처음으로 던진 메시지가 외교적 이슈나 정치 현안에 대한 것이 아니라 "나는 동성애를 지지하지 않는다"였음을 기억해보라. 문재인의 경우는 더욱 고민스럽다. 차별금지법 제정은 그가 계승하고 있다고 강조하는 '노무현 정권의 가치'이기도 하지 않은가.

누군가에게는 난입이었고, 누군가에게는 예의에 어긋나는 일이었던 이 항변은, 그러나 누군가에게는 존재를 건 사투이자 정치 그 자체였다. 그 자리에 있었던 사람들은 '나중에'라고 외칠 것이 아니라 경청했어야 했다. 19대 대선이라는 이 중요한 정치의 장에서 민주주의를 실천하고 실현하기 위해 무엇을 해야 하는지 진지하게 고민했어야 한다. 작은 목소리들을 삭제하는 것이 아니라, 우리가 해야 할 이야기들이 가능한 한 많아지도록 했어야 한다. 그랬다면, 문재인이 '정치공학' 때문에 하지 못했던 말들을 넘어서는 논의장이 펼쳐질 수 있었을 터다. 그리고 우리는 이를 통해 대통령 후보로서 문재인의 역량과 가능성의 지평을 확대할 수 있었을 것이다. 이 기회를 놓친 것은 아쉬운 일이다.

우리는 지금 정치 아이돌을 추대하는 것이 아니라, 우리를 대의할 대표자를 뽑는 것이다. 가능성을 가진 정치인과 역동적으로 영향을 주고받으면서 '뽑을 만한 대통령 후보'를 만드는 것은 민주 시민의 권리이자 의무이기도 하다.

문재인이 대통령이 되기 위한 '정치'를 하고 있다면, 성소수자들은 시민이 되기 위한 '정치'를 하고 있다. 두 목소리가 같이 들릴 수 있는 전략을 기어이 상상하고 만들어내는 것, 그것이야말로 우리 시대의 '정치공학'이어야 할 것이다. 문재인의 '페미니스트 선언'을 지지하며, 그 실질적인 내용을 앞으로 차근차근 채워나가시기를 기대한다.

2017. 3.

—— 1988년 탈주범 지강헌은 돈이 권력인 세계를 향해 "유전무
죄 무전유죄"를 외쳤다. 지금 온라인에서는 국민들이 "유좆무죄
무좆유죄"를 외치고 있다. 이 기막힌 구호는 어떻게 등장하게
된 것일까?

　　사건의 시작은 이랬다. 한 온라인 커뮤니티에 '몰카'가 한
장 올라온다. 대학의 크로키 수업에서 찍힌 누드사진이었다. 커
뮤니티 유저들은 그 사진을 보고 낄낄거리며 피해자를 희롱했다.

　　물론 2014년까지 이런 정도의 사진은 그저 "보고 즐길 수
도 있는 포르노"로 여겨졌다. 범죄라는 인식도 크지 않았다. 하
지만 2015년 메갈리아 등장 이후 여성들은 '몰카' 촬영과 공유가
개인의 존엄을 침해하는 범죄임을 강조하고 '디지털 성범죄' 혹
은 '불법촬영 범죄'로 재명명했다. 더불어서 '몰카'가 범죄로 인
식될 수 있었던 것은 DSO와 한국사이버성폭력대응센터 등 청
년 여성들로 구성된 단체의 활동 덕분이었다. 그렇게 달라진 인
식 속에서 2018년 5월에 벌어진 이 '크로키 모델 사건'은 크게 화
제가 된다.

경찰은 유례없이 발 빠르게 행동했고, 사건 발생 열흘 만에 범인을 잡아 포토라인 앞에 세웠다. 놀라운 일이었다. 언론은 신이 났고, 사람들은 돌을 던질 만반의 준비가 되어 있었다. 그렇다면 정말로 페미니즘이 세상을 바꾼 것일까? 그럴 수도 있다. 범죄라고 인지하지 못했던 것을 범죄라고 각성시킨 것은 확실히 페미니즘의 역할이다. 다만 한 가지 변수가 있었다. 피해자가 남성이었고, 가해자가 여성이었다는 점이다. 2017년 기준 '불법촬영범죄' 가해자 98퍼센트가 남성이었음을 생각해보면 '좀 특이한' 사건이었던 셈이다.

지금 국민들은 바로 이 문제를 질문하고 있다. 이제부터 우리는 반대의 경우에도 이처럼 기민하고 엄정한 대처를 기대할 수 있을 것인가? 지금껏 그토록 무능했던 경찰은 이번 사건에서야말로 자신의 유능을 입증하지 않았는가?

나는 지금 이 글을 30만 1천 4백 8십 7명의 대한민국 국민과 함께 쓰고 있다. 이는 2018년 5월 14일 오전 9시 36분 현재, 청와대 국민청원 페이지에 올라온 "여성도 대한민국 국민입니다. 성별 관계없는 국가의 보호를 요청합니다" 청원에 참여한 이들의 숫자다. 이 청원에서 국민들은 "동일범죄 동일수사 동일처벌"을 요구하고 있다.

'동일범죄 동일수사 동일처벌'. 이는 페미니즘의 그 유명한 구호인 '동일노동 동일임금'으로부터 비롯된 것이다. '동일노동 동일임금'은 남성과 여성에게 동일한 노동이 허락되지 않는 구조를 문제 삼고, 동일한 노동을 하더라도 그 노동력이 같은 가치를 인정받지 못하는 현실에 저항한다. 2018년 대한민국의 노동시장에서 남성과 여성은 여전히 불평등하다. 얼마 전 밝혀진 국민은행과 KEB하나은행 채용 비리 사건은 하나의 예일 뿐이다.

국민은행은 채용 과정에서 남성 지원자 100명의 서류전형 점수를 높여주었고, KEB하나은행은 합격자 성비를 남성 4 대 여성 1로 맞추기 위해 점수를 조작했다. 그 결과 여성 커트라인이 남성 커트라인보다 48점이나 높아졌다. 그야말로 성별이 스펙인 셈이다.

이 사건을 보고 "기업이 뽑고 싶은 사람을 뽑는다는데, 그게 문제인가?"라고 질문하는 사람들도 있었다. 그러나 이렇게 정체성이나 신체적 특징 등 한 개인의 특성에 따라서 기회를 박탈하고 선택을 제한하며 자율성을 침해하는 것을 민주주의 사회에서는 '차별'이라고 부른다. 그리고 이를 막기 위해 국가는 법을 만들어 차별 행위를 처벌한다. 하지만 우리는 법도 믿을 수 없는 사회를 산다.

"유좆무죄 무좆유죄"라는 구호가 등장한 것은 대한민국이 "모든 인간은 법 앞에 평등하다"는 가장 기본적인 전제조차 실천하지 못하고 있기 때문이다. 지금까지 디지털 성범죄 수사에 늘 뭉그적거렸던 경찰이 전광석화와도 같이 움직인 것은 도대체 무엇 때문이었을까? 피해자가 남자여서? 가해자가 여자여서? 혹은 언론의 관심이 남달랐기 때문에? 이유가 무엇이든 '남

성'이라는 성별이 파워가 되어 공정한 법 집행을 막고 있는 것만
은 분명하다. 그래서 대한민국 국민은 요구한다. 동일한 범죄에
동일한 수사와 처벌을.

2018. 5. 15.

── 안티 페미니스트의 "페미나치" 운운이나 홍준표의 "(민주당은) 괴벨스 정당" 운운을 보면 가슴이 답답해진다. 최근 이런 반지성주의적 의미 왜곡에 어떻게 대응해야 할까 고민하던 중 명쾌한 대답을 하나 만나게 되었다. 미국 코미디계의 신성 트레버 노아의 발언에서였다.

얼마 전 그는 자신이 진행하는 정치 풍자 토크쇼 〈더 데일리 쇼〉(Comedy Central)에서 "프랑스 정부와 갈등이 좀 있었다"며 입을 열었다. 아프리카계 선수가 다수 포진하고 있는 프랑스 대표팀의 월드컵 승리를 축하하면서 "아프리카가 승리했다"고 던진 농담이 문제가 된 것이다.

프랑스 내에서 반발이 거세지자 주미 프랑스 대사는 트레버 노아에게 항의 편지를 썼고, 이 발언은 개그를 넘어 미국식 다문화주의와 프랑스식 동화주의 사이의 날선 논쟁으로 이어졌다.

프랑스 대사는 노아의 언급이 부적절했다고 비판하면서 다음과 같이 강조한다. "선수들 대부분은 프랑스에서 태어나 프랑스에서 교육을 받았고 프랑스에서 축구를 배운, 프랑스 시민입니다. 그들의 다채로운 출신 배경은 프랑스의 다양성을 반영하고 있습니다.”

노아는 이렇게 응수한다. “그들의 다채로운 출신 배경은 사실 프랑스의 식민주의를 반영하는 것이죠. 그들이 (애초에) 왜 프랑스인이 되었나요?”

아프리카계 프랑스인들은 대체로 과거 프랑스 식민지 출신이거나, 프랑스가 노동력 부족으로 곤란을 겪던 시기에 국가적 차원에서 적극적으로 받아들인 이주노동자와 그 가족들이다. 특히 노동력 부족이 해소되고 실업률이 올라가자 프랑스 정부가 그들을 ‘다시 돌려보내야 할 천덕꾸러기’로 취급했던 것을 생각하면, 틀린 지적은 아니다.

대사는 이어서 “프랑스는 미국과 달리 국민을 인종과 종교, 출신에 따라서 나누지 않는다”고 설명한다. 피부색에서 아프리카를 보는 것은 그들의 프랑스인으로서의 정체성을 부정하는 태도이며 그것이야말로 인종주의라는 것이다.

이 발언은 시민 내부의 동질성과 평등함, 그리고 세속주의를 강조하는 프랑스 헌법 정신에 기반하고 있다. 실제로 프랑스에서는 인종적, 민족적 구분을 인정하지 않는다. 차이에 대한 고려 자체가 차별이라고 판단하기 때문이다. 프랑스가 이민자 정책에서 동화주의를 추구해온 것 역시 차이의 소거와 연결되어 있다. 공교육 장에서 히잡을 금지할 수 있었던 건 이런 배경 탓이다.

노아 역시 프랑스 정부의 강경한 항의 아래 놓인 맥락을 이해한다. 그러나 철학적으로 그 존재를 지운다고 해서 인종과 민족에 대한 현실적인 구분과 차별까지 지울 수 있는 것은 아니다. 노아가 비판하고 싶었던 것은 바로 이 부분이었다. 그는 동화주의 아래에서 과연 누가 프랑스인일 수 있는지 질문한다.

"프랑스 정치인들은 흑인이 무직이거나, 범죄자거나, 불미스러운 일에 연루되었을 때 그들을 '아프리카 이민자'라고 부릅니다. 반면 그들의 아이들이 월드컵에 출전하여 승리를 안겼을 때, 그들은 '프랑스인'이 되죠."

물론 트럼프 시대의 미국이 증명하고 있듯이 어떤 통치 철학도 식민주의의 폭력적인 영향력을 이겨내지 못했다. 다양성에 대한 미국식 찬양이 곧 차별에 대한 해결책이 되는 것은 아닌 셈이다.

노아의 풍자는 '동화'와 '다문화' 사이에서 길을 잃은 이민자 정책 논쟁에서 반드시 고려되어야 할 한 가지를 제안한다.

"백인들은 말합니다. '내가 하면 인종차별이고 트레버 노아가 하면 아프리카성의 축하냐?' 네, 바로 그렇습니다. 왜냐하면 가장 중요한 것은 언제나 맥락이기 때문입니다."

노아는 남아프리카공화국에서 여전히 흑백 분리주의가 공고할 때 흑인 여성과 백인 남성 사이에서 태어난 '혼혈아'였다. 출생 자체가 범죄였던 것이다. 존재가 불법인 삶을 살면서 그는 유머와 해학을 통해 그 딜레마를 설명하고 그와 싸울 언어를 찾아온 사람이다. 프랑스 대사의 염려와 달리, 프랑스 선수들의 피부에서 아프리카를 보는 그의 관점이 오히려 인종차별의 역사에 대한 비판이 되는 것은 이 맥락 속에서다.

어쩌면 맥락이 전부다. 선정적인 언어적 선동에 놀아나지 않기 위해, 우리 역시 좀 더 맥락에 집중할 필요가 있겠다.

2018. 8. 7.

——"극우와 기독교가 만나는 곳에 '가짜뉴스 공장'이 있었다."

《한겨레》가 단독 보도한 〈'가짜뉴스'의 뿌리를 찾아서〉는 이렇게 시작된다. 대한민국 언론사에 남을 만한 문장이다. 성소수자나 난민에 대한 혐오를 조장하고 차별을 선동하는 가짜뉴스의 레토릭이 보수 기독교의 레토릭과 비슷하다는 점은 페미니스트들도 계속 주목해왔던 문제였다. 《한겨레》가 이 '합리적 의심'이 '팩트'임을 확인시켜준 셈이다.

가짜뉴스에는 올해 초 제주도에 들어온 예멘 난민에 대한 내용도 있었다. 자극적으로 조작된 거짓말이 퍼지면서 한국인들 사이에 난민에 대한 공포가 갑작스럽게 형성됐고, 그렇게 자라난 반反 난민 정서는 청와대 청원으로까지 이어졌다. 이 거짓말에 폭발적으로 반응했던 사람들 중에는 온라인에서 활동하는 여성과 일부 페미니스트들도 있었다.

이런 상황은 프랑스 극우정당 '국민전선'◆의 마린 르 펜

◆　'국민전선Front National'은 2018년 7월 '국민연합 Rassemblement National'으로 당명을 바꾸었으나 여전히 '국민전선'으로 더 많이 통한다.

을 떠올리게 한다. 마린 르 펜은 국민전선의 창립자이자 전 총재였던 장-마리 르 펜의 딸이다. 장-마리 르 펜은 강고한 남성 가부장의 얼굴을 한 극우였다. 그는 여성의 임신중단권을 "반 프랑스 인종학살"이라고 불렀다. 아버지 르 펜 시절 국민전선에는 남성 지지자가 월등히 많았다. 국민전선의 이런 여성혐오적 성격과 반유대주의는 당의 대중적 지지기반 확장에 방해가 됐다.

반전은 마린 르 펜이 당권을 잡고 아버지 르 펜을 숙청하면서부터 시작된다. 아버지를 축출함으로써 딸 르 펜은 반유대주의 극우의 이미지를 벗겨내고 국민전선을 현대화했다. 그는 오히려 국민전선이 진보적인 가치를 지향하고 있다고 설파하는데, 그때 자신의 '여성' 정체성을 적극적으로 활용한다. "프랑스 최초의 여성 대통령"을 표방하고 여성의 임신중단권을 옹호하는 딸 르 펜은 확실히 세련되고 젊은 여성 정치인의 이미지를 획득할 수 있었다.

국민전선의 약진을 젠더정치로만 설명할 수는 없지만, 딸 르 펜 이후 당의 여성 지지자층이 전과 비교할 수 없을 정도로 넓어진 것만은 분명하다.

문제는 그가 실제로 진보적 가치를 지향하는 정치인이 아니라는 점이다. 여기에서 포퓰리스트로서의 그의 진가가 드러난다.

포퓰리스트란 대중의 인기를 얻기 위해서라면 신념과 무관하게 무엇이든 하는 이들을 일컫는다. 그들은 대중이 겪고 있는 위기를 과장하고, 그 원인과 해결책을 선명하게 제시한다. 그 자리에 '대중 vs 엘리트'라는 전선이 형성된다. 예컨대 '진짜 프랑스인'의 고통에 무관심한 기득권의 정치적 올바름 추구가 당신의 일자리를 빼앗았다는 식이다. (난민 논란 당시 윤서인이 정우성을 비난했던 방식을 복기해보라.) 그렇게 포퓰리스트는 박탈감을 느끼는 대중의 분노와 원한의 감정에 어필한다.

기득권과 싸우고 대중에게 말 건다는 이유에서 포퓰리즘을 '정치적 가능성'으로 논하는 이들도 있다. 하지만 잊지 말아야 할 것이 있다. 포퓰리스트는 오직 나만이 국민을 대변할 수 있으며, 오직 나를 지지하는 자들만이 국민이라고 주장한다. 포퓰리스트는 다원주의를 배격하고 혐오와 배제를 바탕으로 하는 정체성 정치를 추구한다.

르 펜의 '여성 정치'가 어떻게 포퓰리즘으로 휘어지는지 보자. 그는 "나는 프랑스 여성을 위한 정치를 할 것이다. 그런데 누가 그들의 안전을 위협하고 일자리를 빼앗는가? 난민이다"라고 선동한다. 그리하여 르 펜에게 페미니즘은 정치학이 아니라 수사학이 되어버린다. 그가 대통령이 되었다면 여성에 대한 진보적 정책 기조를 유지했을까? 문득 극우 정치인의 딸이자 "대한민국 최초의 여성 대통령"이었던 자가 한국여성을 위해 아무것도 하지 않았음을 떠올리게 된다.

하지만 포퓰리스트가 페미니즘을 이용할 때만큼이나 곤란한 것은 페미니스트가 기꺼이 포퓰리스트가 되기를 선택할 때다. 그가 생각하는 '여성 문제'를 해결하기 위한 동력을 다른 소수자에 대한 혐오로부터 끌어오기로 마음먹기는 쉽고, 그만큼 유혹적이다. 그러나 작가 들개이빨은 이런 명대사를 남겼다. "인간을 혐오하기란 얼마나 쉬운 일인가. 하지만 쉬운 건 결코 위대할 리 없지." 우리의 운동이 좀 더 위대해지기를 바란다.

2018. 10. 9.

─── 최근 자유한국당이 전당대회를 전후해서 주목을 끌기 위해 연출하는 어떤 장면들은 끔찍하다. 5·18 유공자를 "괴물"이라고 칭하는 것이나 "저딴 게 대통령"에 이은 청년최고위원 후보의 아무 말 대잔치를 보고 있자면, 혐오 선동과 막말 외에는 정치적 자원을 갖지 못한 정치인의 해악에 대해 곱씹어보게 되는 것이다. 그들의 선동 이후, 5·18 유공자에 대한 가짜뉴스 유포와 모독 행위는 점점 심해지고 있다.

사회 구성원 일부를 '우리-국민'에서 배제하여 그들을 향해 증오의 말을 쏟아내고, 심지어는 정책 결정에까지 기어이 영향을 미치고야 마는 정치인들은 그저 사회적으로 불쾌감을 유발하는 것에 머물지 않는다. 그들은 실제로 사람들을 죽음으로 내몰고 있다. 제임스 길리건의 《왜 어떤 정치인은 다른 정치인보다 해로운가》라는 책은 이 문제를 파헤친다.

정신의학자인 길리건은 폭력에 대해 연구하던 중 1900년부터 2007년까지 미국 정부가 발간한 살인율·자살률 통계를 살펴보게 된다. 그리고 그 기간에 미국 사회에서 "살인율과 자살률이 함께 오르내리는 경향"을 발견하는데, 놀랍게도 공화당 집권기에는 수치가 늘어났고 민주당 집권기에는 줄어들었다. 이런 경향성을 믿을 수 없었던 그는 이 문제를 파고들기 시작한다. 의사로서 "정치가 아닌 생사의 문제"에 관심을 가지고서 말이다. 하지만 답은 결국 정치로 귀결된다.

길리건에 따르면 개인에게 나타나는 폭력 행동의 직접적인 심리적 원인은 수치와 치욕에 노출되는 것이다. 이는 스트레스 요인에 의해 자극받고 악화되는데, 여기에서 가장 강력한 것이 '직장에서 해고를 당하는 일'처럼 사회적·경제적 지위가 곤두박질치는 경험이다.

그런데 공화당은 국민을 수치와 치욕에 노출시키기 쉬운 정책을 추구해왔다. 공화당 정권 아래에서 노동자는 언제든지 대체 가능한 인력으로 취급당했고, 복지정책은 "거지들이나 좋아하는 것"으로 여겨졌다. 개인의 노력을 강조함으로써 경쟁을 부추기고 소수자를 배제함으로써 다수의 결속을 다지는 정치적 수사와 정책은 불평등을 생산했다. 그 과정에서 불평등은 오히려 사회 발전의 동력으로 숭배된다.

반면 민주당은 대체로 경제 불평등을 줄이는 데 집중해왔다. 소득세와 각종 누진세율을 높이고, 실업률과 실업 기간을 줄이고, 가장 취약하고 가난한 사람들을 위한 보편적인 복지를 확대했다. 이렇게 상대적 빈곤과 박탈감이 줄어들자 사회적 스트레스 요인 역시 줄어들었다.

하지만 정말 그랬을까? 사회 구성원을 악마화함으로써 폭력을 조장하는 공화당의 경향성을 보여주는 에피소드 중 교도소 내 교화 프로그램 취소 사건은 매우 인상적이다.

길리건은 교화 프로그램을 연구하면서 재범 예방에 100프로 효과를 보였던 것은 단 하나, 교도소에서 학위를 따는 것이었음을 밝힌다. 그는 범죄율을 줄이는 데 관심이 있는 정부 관리라면 누구라도 이 학위 프로그램에 관심을 가질 것이라고 생각했다.

하지만 그 연구 내용이 한 공화당 소속 주지사에게 전달되었을 때, 결과는 완전히 다른 곳으로 튀었다. 그때까지만 해도 교도소에 고등교육 무상 제공 프로그램이 있다는 것을 몰랐던 주지사는 곧 기자회견을 열어 이를 없애야 한다고 주장했다. "대학에 갈 형편이 안 되는 사람들이 교도소에 들어와서 공짜로 대학 교육을 받으려고 범죄를 저지르기 시작할 것"이라는 게 그 이유였다.

주지사는 결국 학위 프로그램을 박살내는 데 성공했고, 공화당은 미국 전역의 교도소에 수감된 재소자에게 대학 교재와 학비를 대주었던 연방정부 지원금을 없애버린다. 이는 보수와 그들의 세계관이 실제로 폭력을 줄이는 데 얼마나 무능하고 심지어는 무관심한지 잘 보여주는 하나의 예다.

여기에서 중요한 것은 '공화당'이나 '민주당'이라는 이름이 아니라, 그 이름이 상징하는 정치적 가치다. 마찬가지로 한국당이 생각하는 것처럼 아무리 정치가 쇼라고 하더라도, 그 쇼가 무엇을 대변하고 있는가는 사소하지 않다. '정치하는 놈들, 다 그놈이 그놈이지'라는 생각이 들 때에도 정치혐오에 빠져서는 안 되는 이유다. 분명히 어떤 정치인은 더 해롭다.

2019. 2. 26.

—— 10차 개헌을 위해 헌법개정특별위원회가 꾸려지고 본격적으로 개헌을 향한 움직임이 시작됐다. 이에 발맞춰 여성계에서는 '성평등 개헌'을 둘러싼 논의가 활발하게 진행되는 중이다. 하지만 특위 구성원 36명 중 더불어민주당의 권미혁, 이재정, 전현희, 진선미 의원을 제외한 32명은 모두 남자다. 한국 국회가 여전히 '아재정치'판이다보니 특위의 성비야 어쩔 수 없는 일이라고 치더라도, 자문위 구성 역시 한심스럽기는 마찬가지다. 총 50명의 자문위원 중 여성 비율은 10퍼센트에 그친다. 이런 와중에 '성평등 개헌'이 과연 제대로 이루어질까? 의심을 거두기 힘들다.

하지만 성평등 개헌을 위한 토론회나 포럼이 열리는 등 특위와 자문위 안팎에서 노력들이 계속되고 있다. 덕분에 민주주의를 만들어가는 과정으로서의 개헌에 주목하고, 더 많은 목소리가 등장하고 더 높은 수준의 사회적 합의가 형성되기를 기대하게 된다. 그것이야말로 '숙의 민주주의'의 의미일 터다. 바로 그런 이유에서 특위나 자문위 안에서의 성비 불평등보다 더 마음에 걸리는 것이 있다. 바로 '헌법개정 국민 대토론회' 때마다 나타나서 분탕질하는 보수 기독교 단체들이다.

지난 10년간 보수 기독교계는 차별금지법 제정을 무산시켰고, 여러 지자체의 학생인권조례에 반대했으며, 서울시민인권헌장 선포 역시 방해했다. 그렇게 공공연하게 "차별에 찬성"하는 것으로 자신의 목소리를 내온 사람들이다. 이들은 도대체 왜 "대한민국 최초로 국민, 국회, 정부 3주체가 함께 만드는 헌법의 장"(정세균)에 등장하는 것일까? 놀랍게도 그것은 '성평등 개헌'을 막기 위해서다. 구실로는 "남성과 여성 사이의 평등을 의미하는 '양성평등' 조항을 '성평등'으로 개정할 경우 양성 간 결합을 통해 이뤄져야 하는 건강한 가정의 기본 틀이 무너진다", "성평등 개헌은 동성애와 동성혼을 조장한다" 등을 내세우고 있다.

그들이 반대하는 것은 사실 성평등만은 아니다. 최근 보수 기독교계는 '차별 금지 조항'에서 '인종'을 빼야 한다는 주장을 덧붙였다. 이유는 간단하다. 보수 기독교계에서는 '인종 차별 금지'의 의미를 '이슬람 차별 금지'로 해석하기 때문이다. 그들은 "인종 차별 금지가 이슬람 문제를 비판하는 것을 금지해왔음을 기억하라"고 책동한다.

그러나 이 모든 상황들 안에서 정말 이상한 건 한 종교가 다양한 차별을 선동한다는 사실 그 자체가 아니다. 인간의 역사 안에서 종교가 혐오와 배제를 바탕으로 내부 결속을 다져왔음을 부정하기는 힘들다. 그보다 이 나라에서 정치적으로 중요한 사건이 일어날 때마다 그 자리에 보수 기독교가 강력한 영향력을 행사한다는 점을 걱정하지 않을 수 없다.

2014년 서울시민인권헌장 제정을 둘러싸고 벌어졌던 일을 떠올려보자. 보수 기독교는 일반원칙 4조의 내용을 들어 서울시민인권헌장이 대한민국을 망칠 거라며 반대하고 나섰다. 특히 "양심과 사상, 정치적 의견, 성적 지향, 그리고 성별 정체성에 의해 차별받지 않을 권리"라는 부분이 문제가 되었다. 논란이 일자 당시 책임자였던 박원순 시장은 한국장로총연합회를 찾아 "나는 동성애를 지지하지 않는다"고 말했다.

동성애가 반대하고 말고의 일인가와 같은 원론적인 질문을 던지기 전에 이것부터 묻자. 왜 정치인들은 그토록 기독교 앞에서 지속적으로 사상 검증을 받고 눈치를 보아야 하는가? 3년 후 대통령 선거 국면에서도 비슷한 상황이 반복됐다. 홍준표, 안철수, 유승민 후보뿐 아니라 당시 가장 유력한 후보였던 문재인 대통령도 한국기독교총연맹과의 만남에서 "차별금지법 법제화 반대에 깊이 공감한다"고 말했다.

현재 여성계의 입장은 대체로 '성평등 개헌'을 고수해야 한다는 의견에 모아져 있다. 젠더정치연구소의 이진옥 대표에 따르면 성평등 개헌의 핵심은 "대기업 정규직 남성 중심으로 짜여 있는 복지 체제에 편입되지 못해 국가로부터 마땅한 기본권을 받지 못하는 절대 다수 인구의 인권을 보장할 수 있도록 취약한 복지 기반을 확장하는 헌법적 토대"를 만드는 것이다. 그럴 때 양성에 기초한 혼인과 가족 구성을 기본권의 조건으로 내거는 것은 1인 가구 및 혼인과 혈연 이외의 방식으로 결속되는 다양한 가족이 증가하는 시대의 변화를 따라가지 못할 뿐 아니라, 그 성별이분법이 포착하지 못하는 실존하는 많은 수의 국민을 제도적 안전망에서 배제할 수 있다. 깊이 새겨듣고 고려해야 할 지점이다.

하지만 보수 기독교의 반대가 심하기 때문에 '성평등'이라는 단어를 '양성평등'으로 고쳐야 한다는 목소리가 나오기 시작했다. 정치적 부담을 안고 갈 수 없다는 것이다. 대한민국은 신정국가인가? 그것이 아니라면 보수 기독교계의 눈치를 볼 것이 아니라 진정한 헌법의 가치를 실현하기 위해 무엇을 해야 하는지를 생각해야 할 것이다.

2017. 12.

◆   대담 최현아 대답 대충 각주 작문 작문 진정한 제도적 실현
주도 진정한 헌법통일 트론의 사회적 성평등, 진정한 한 진정한 새로운
네트워크 주최, 한국여성단체연합 한국여성단체연합 주 성별에
진정한정책에 주관, 2017. 11. 23. 자. 6쪽.

EBS의 〈까칠남녀〉에 출연 중이다. 대한민국 최초의 젠더 토크쇼를 표방하는 〈까칠남녀〉는 지난 37회 동안 피임, 졸혼, 맘충, 군대, 데이트폭력, 낙태죄, 10대의 성적 자기결정권, 성희롱, 꽃뱀, 냉동난자, 페미니스트 교사 등 다양하고 논쟁적인 주제들을 다루어왔다.

덕분에 프로그램 자체는 심심찮게 패쇄 요청에 시달렸고, 심지어 홈페이지가 해킹당해 '노알라'(고 노무현 대통령의 얼굴과 코알라의 얼굴을 합성한 일베 發發 이미지)로 홍보 사진이 변경된 적도 있었다. 물론 출연진에 대한 공격과 신상털기는 일상에 가까워서, 한 출연자의 경우에는 직장에까지 항의와 민원이 들어가기도 했다.

하지만 어떤 회보다도 38회(2017. 12. 25)와 39회(2018. 1. 1)가 '뜨거운 반응'을 불러일으킬 것 같다. 성소수자 특집이기 때문이다. 초대 게스트는 2015년 서울대 총학생회장 선거에서 레즈비언으로 커밍아웃하며 87퍼센트의 지지를 받은 김보미 씨, 퀴어문화축제 조직위원장인 강명진 씨, 섹스 칼럼니스트 은하선 씨, 국내 최초 커밍아웃 트랜스젠더 변호사 박한희 씨다. 이들은 각자

LGBT, 즉 레즈비언, 게이, 바이섹슈얼, 트랜스젠더에 대해 이야기하기 위해 출연했다.

이미 보수 기독교 쪽에서는 방영을 막기 위해 훼방을 놓기 시작했다. 신자들 사이에는 "〈까칠남녀〉가 음란한 정체성을 드러냈습니다. 성소수자 특집에 하나님의 거룩에 대적하는 음란의 영으로 충만한 최고 제사장급들 4인방이 출연합니다. EBS에 항의 전화 부탁드립니다" 등의 내용을 담은 단체 메시지가 공유되고 있다고 한다.

그들의 염려와 달리 이번 특집은 아주 '건전하고 유익'했다. 방송은 JTBC 〈아는 형님〉을 패러디하여 '모르는 형님' 콘셉트로 기획됐는데, 새로운 친구들인 LGBT가 '까칠학교'에 전학을 와서 재학생들의 편견과 궁금증에 응답한다는 내용이다. 이는 한국사회가 얼마나 성소수자에 대해 무지한가에 대한 은유이기도 했다. 실제로 함께 출연 중인 개그맨 황현희 씨는 현실에서 LGBT를 처음 보았다고 고백했다. (물론 이 말은 "현실에서 나에게 커밍아웃한 LGBT는 처음이다"로 수정되어야 할 터다. LGBT는 자신을 드러내지 않을 때에도 어디에나 있으니 말이다.)

한국인들은 때로 "성소수자가 도대체 무슨 차별을 당하느냐"고 묻는다. 하지만 '보이지 않는 것'이야말로 성소수자의 현실을 정확하게 보여준다. 성소수자는 자신의 정체성을 드러낼 수 없기 때문에 비가시화되고, 그토록 보이지 않기 때문에 자극적이고 단편적인 이미지로 정형화되어 사회적 편견 아래 놓이게 된다. 그리고 다수의 편견은 차별을 정당화한다.

만약 당신이 스스로 성소수자가 아니라고 생각한다면, 한 번 생각해보시라. 레즈비언, 게이, 바이섹슈얼, 트랜스젠더라고 하면 어떤 이미지가 그려지는가. 그 어떤 것을 떠올려도 그것이 모든 LGBT를 설명할 수는 없다. 그리고 이런 편견은 LGBT를 문화적으로 배제하고, 법적으로 차별하며, 때때로 물리적 폭력에 노출시킨다.

〈까칠남녀〉는 우리가 보여주는 LGBT의 이미지가 또 다른 편견을 만들 수도 있다는 위험을 감수하고 이 방송을 기획했다. 출연자들 역시 그것을 염려했을 것이다. '김보미'는 레즈비언을, '강명진'은 게이를, '은하선'은 바이섹슈얼을, '박한희'는 트랜스젠더 여성을 대표하지 않는다. 그들이 LGBT의 '표준'이 아님은 물론이다. 하지만 더 많은 목소리를 위해서는 더 많은 재현, 더 많은 가시성의 확보가 필요하다.

조심스러움 속에서, 그리고 공중파에 얼굴이 공개된 이후 받게 될 수많은 공격을 감수하고서, 이 네 명의 '제사장'들이 용기를 낸 것은 이 세계의 굳은 머리를 말랑말랑하게 만들고, 더 다채롭게 칠하기 위해서다. 열린 마음으로 우리의 게스트들을 만나주시기 부탁드린다. 판단은 시청 후로 미뤄도 늦지 않다.

보수 기독교가 돌렸다는 단체 메시지의 내용을 보다가 또 다른 깊은 한숨이 나왔다. 얼마 전 그들의 요구에 떠밀려 여성가족부에서 '성평등'과 '양성평등'을 혼용하겠다고 밝힌 것이 떠올라서다. 2017년 대한민국에서 "음란의 영" 운운하는 자들의 강압 때문에 정부 부처의 정책운영 철학이 흔들린다니, 이를 어떻게 해석해야 할까. 정부가 무능할 때, 개인이 하드캐리하게 된다.

2017. 12. 26.

—— "안녕하세요, 손희정입니다. EBS 〈까칠남녀〉 종방 후 1년 만입니다. 공중파에서는 할 수 없었던 것, 여전히 할 수 없는 것, 하지만 언젠가는 꼭 하고 싶은 것을 하기 위해서 유튜브로 돌아 왔습니다. 퀴어와 퀴어 앨라이들을 모시고 이야기를 나눠보는 본격 퀴어 토크쇼 〈손희정의 TMI〉. 이제 시작하겠습니다."

2019년 1월 초 오랜만에 카메라 앞에 서서 입을 열었다. 비 온뒤무지개재단에서 기획, 제작하는 퀴어 유튜브 채널 '큐플래 닛'에서 런칭한 〈손희정의 TMI〉 첫 녹화날이었다.

전문 방송인도 아닌데 토크쇼 진행이라니. 이 어색한 만남 의 시작은 2018년 초로 거슬러 올라간다. 당시 교육방송 EBS는 악몽과도 같은 시간을 견디고 있었다. 보수 기독교를 필두로 반 동성애 진영의 사람들이 "교육방송이 동성애를 조장"한다며 방 송국 앞에 모여 한 달 가까이 EBS 규탄 집회를 지속하고 있었다. EBS로서는 개국 이래 한 번도 경험해보지 못한 증오와 악의를 대면하는 순간이었을 터다.

그들은 심지어 "EBS가 음란 방송을 만들고 있다"고 말하며 당근에 콘돔을 씌워 방송국 로비에 세워져 있는 (EBS 최고의 인기 캐릭터인) 방귀대장 뿡뿡이에게 던지기도 했는데, 이 장면이야말로 한국 대중문화사에서 가장 음란한 장면 중 하나로 기록될 만하다.

그토록 '홀리'한 분들이 어쩌다 이토록 음란한 행위를 하시게 되었을까.

이유는 간단했다. 당시 EBS에서 제작하고 있었던 젠더 토크쇼 〈까칠남녀〉가 2017년 12월 25일과 2018년 1월 1일 이틀에 걸쳐 '성소수자 특집: 모르는 형님'을 방영했기 때문이었다. 서울대 총학생회장인 레즈비언(L), 퀴어문화축제 조직위원장인 게이(G), 양성애자인 섹스 칼럼니스트(B), 그리고 변호사인 트랜스젠더(T)가 출연하여 LGBT로 살아가는 자신들의 삶에 대해 이야기했다. 아주 쾌활하고 즐거운 분위기에서 말이다.

성소수자의 목소리가 커지는 것을 싫어하는 반동성애 진영이 강하게 반발한 것은 어쩌면 예정된 수순이었다. 하지만 이들의 시위 때문에 〈까칠남녀〉에 출연 중이던 양성애자 섹스 칼럼니스트 은하선이 하차당하는 것은 누구도 예상하지 못한 결과였다. 공영방송이 혐오 선동에 이처럼 쉽게 넘어갈 줄 상상이라도 했겠는가. 결국 은하선 하차에 불복한 일부 패널이 출연을 거부하면서 방송은 계획된 회차를 채우지 못하고 허망하게 종영되었다.

당시 〈까칠남녀〉에 출연하고 있었던 나는 2017년 12월 26

일자 《경향신문》 오피니언 지면에서 성소수자 특집 방송을 소개했다. 그리고 한국인들은 때때로 "성소수자가 도대체 무슨 차별을 당하느냐"고 묻지만, 성소수자가 한국사회에서 잘 보이지 않는다는 것 자체가 성소수자가 처한 현실을 잘 보여준다고 썼다. 그리하여 칼럼의 제목은 〈'보이지 않는 것'이 보여주는 것〉이었다.

본격적인 백래시가 시작되기 전에 썼던 글이었지만, 결국 〈까칠남녀〉 케이스는 안타깝게도 내가 칼럼에서 했던 말을 증명하는 하나의 사례가 되어버렸다. "당신들이 뭘 하고 살아도 상관없지만, 내 눈에만 띄지 말아라." 성소수자 특집에 반대했던 사람들이 했던 말이다.

그로부터 1년이 훌쩍 지난 오늘. 큐플래닛을 소개하기 위해 쓰고 있는 이 칼럼의 제목은 〈'보이는 것'이 들려드릴 이야기〉다. 우리는 무엇이 보이지 않는가로부터 한 사회의 한계를 읽어낼 수 있다. 하지만 그렇게 사회가 지우려고 하는 존재들이 부득부득 얼굴을 드러내고 말하기 시작할 때, 그 '보이는 것'이 들려줄 이야기의 힘은 가늠하기 어렵다. 우리는 아직 그 가능성을 충분히 경험하지 못했기 때문이다.

큐플래닛의 또 다른 프로그램 〈퀴어 업데이트〉에는 〈까칠남녀〉의 은하선 작가와 비온뒤무지개재단의 신필규 활동가가 출연한다. 이 세계에 스며들어 있는 성소수자에 대한 가짜뉴스와 오해를 차근차근 풀어보는 방송이다.

'보이는 것'을 통해 비로소 듣게 될 이야기가 궁금하시다면, 지금이 큐플래닛의 '구독' 버튼을 누르실 시간이다.

2019. 3. 26.

———— "성전환 수술 후에도 군복무를 이어가고 싶다."

　2020년 1월 16일. 중요한 뉴스가 전해졌다. 남성으로 임관한 A 하사가 성전환 수술을 받았고, 육군이 그녀의 전역 여부를 심사할 예정이라는 소식이었다. A 하사는 성별 정정을 신청해 놓았으며, 정정 후에는 여군으로 계속 복무하고 싶다는 의사를 군에 전달했다. 그럼에도 불구하고 A 하사의 전역심사위원회가 열리는 이유에 대해 육군은 "음경 훼손과 고환 적출이 각각 5급 장애이고, 5급 장애가 두 개면 심신 장애 3등급으로 분류된다. 이는 전역심사 대상"이라고 설명했다.

　전역심사위원회가 열린다고 해서 A 하사가 반드시 강제 전역 당하는 것은 아니지만, 결과와 무관하게 이 뉴스는 이미 새로운 질문들을 던지고 있다. 우선 남군의 경우 음경과 고환이 없으면 장애로 판정된다는 점에 대해 생각해보자.

　음경과 고환에 대한 국군의 집착은 유명하다. 예컨대 2010년을 기준으로, 복무 적격자를 판정하는 신체검사에서 무정자증이 4급(보충역), 성기 발육부진이 5급(제2국민역), 그리고 음경 절

123

단 중 '성교 불능'이 6급(면제)으로 분류됐다. 2016년에 이 기준이 다소 조정되기는 했지만, 여전히 신검에서 외부 성기는 중요한 의미를 갖는다.

도대체 정자 생산 능력이나 성기 크기와 전투력 사이에 무슨 관계가 있다는 말인가? 퀴어 이론가 루인은 《한국남성을 분석한다》에서 이를 꼬집으며 징병제를 통한 '정상 남자' 만들기가 다른 의도를 품고 있다고 설명한다. 즉 병역법은 이성애 규범적 성관계를 할 수 있는 신체와 생식력을 갖춘 남자만을 남성이자 보편국민으로 인정함으로써 "남성의 섹슈얼리티와 몸을 관리하려는 기획"이라는 것이다. 군형법이 남성 동성애를 처벌하는 이유도 여기에 있다.

A 하사를 지원하고 있는 군 인권센터는 전문가 소견에 따라 "성전환 수술의 부작용은 호르몬 요법과 운동, 식이요법 등으로 대체 가능"하며 "고환 절제술(성전환 수술)을 했다는 이유만으로 군 복무에 부적합하다고 볼 의학적 근거는 부족하다"고 밝혔다. 더불어 A 하사 역시 자신의 성별과 복무 능력 사이에는 아무런 상관관계가 없다고 강조한다. 당연한 일이다.

두 번째로, 트랜스젠더 여군의 공식적인 탄생은 한국사회에 팽배한 트랜스젠더를 둘러싼 편견에 정면으로 도전한다. 많은 이들이 "트랜스젠더는 과도한 여성성과 남성성을 수행하면서 이에 대한 고정관념을 강화시킨다"고 생각한다. 그러나 A 하사는 전통적으로 남성성의 상징이었던 '군인됨'을 주장함으로써 자신의 여성 정체성을 표현하고 있다.

　물론 트랜스 여성이 '여성성의 신화'를 강화한다는 편견에는 '여자보다 더 여자다운' 트랜스 여성에게만 스포트라이트를 비춰온 사회와, 그런 사회 속에서 여성다움을 전시하고 수행함으로써 '여성으로서의 정상성'을 획득하려 했던 트랜스 여성들의 역사가 놓여 있다. 예컨대 영국의 여왕왕실수색연대로 5년동안 복무하고 에베레스트 산에도 등정했던 잔 모리스는 자신의 회고록에서 성전환 수술 후 갑자기 차를 뒤로 주차하거나 병뚜껑을 따는 것에 어려움을 느끼게 되었다고 고백한다. 그것이 그의 시대가 요구한 여성성이었던 셈이다.

　상황은 변하고 있고, A 하사의 경우는 우리에게 중요한 메시지를 던진다. 과도한 여성성을 수행하는 비트랜스 여성이 여성 전체를 대표할 수 없듯이, 트랜스 여성의 경우도 마찬가지라는 것. 그리고 비트랜스 여성의 여성성만큼이나 트랜스 여성의 여성성도 사회적 조건에 따라 문화적으로 구성된다는 것. 이처럼 트랜스 여성의 여성됨은 하나의 스테레오타입으로 고정되지 않으며 유동적이고 다양하다.

　트랜스젠더 여군의 탄생은 근대 국민국가 만들기를 통해 형성된 남성성과 여성성의 신화를 무너뜨리는 중요한 계기가 될 것이다. 더불어 트랜스젠더 인권운동의 발전과 함께 A 하사의 싸움이 가능할 수 있었다. 그렇게 '성평등'이란 '다양한 성평등'으로 함께 온다.

군 당국을 비롯해 한국사회가 이런 시대 변화를 읽을 수 있기를 기대한다.

2020. 1. 19.

—— 블루일베. 페이스북 코리아의 다른 이름이다. '김치녀' 페이지처럼 여성혐오 게시물이 올라오는 페이지는 신고가 들어가도 별다른 규제가 없었던 반면, '메갈리아' 페이지는 계속해서 폐쇄하는 등 차별적인 운영을 해왔기 때문에 얻은 별명이다. 계속된 항의에도 시정되지 않자, 메갈리아는 페이스북 코리아를 상대로 민사소송을 진행하기로 결정한다. 그리고 크라우드펀딩을 통해 법률 지원금을 모금했다. 여기에 4,103명이 참여하여 1억 3,400만 원을 내놓았다. 목표액을 1,448퍼센트 초과달성한 금액이었다.

그러면서 한동안 온라인을 떠돌았던 하나의 문장이 매우 호소력 있는 구호로 떠올랐다. "페미니즘은 돈이 된다"가 그것이다. 이와 함께 페미니즘이 자본주의에 영합한다는 염려와 비판의 목소리 역시 함께 들리기 시작했다. 그러나 이 구호는 자본주의적 시장논리로부터 시작되지 않았고, 지금도 그렇게 단순하게 이해될 수 없다.

'돈이 되는 페미니즘'이라는 감각이 본격적으로 여성 대중

사이에서 나타나기 시작한 것은 2015년 초반, 트위터를 중심으로 '#나는페미니스트입니다' 운동이 촉발되었던 때로 거슬러 올라간다. 해시태그 운동은 온라인에서의 선언을 넘어 오프라인에서의 다양한 활동으로 이어졌다. 이와 함께 한국여성민우회나 한국성폭력상담소 등 신뢰할 만한 페미니스트 단체에 대한 후원이 늘어나기 시작했다. '돈이 되는 페미니즘'은 여성들이 서로의 활동을 응원하고 서로에게 힘을 부여하는 하나의 실천이었던 셈이다.

이어서 진선미 의원이 경찰청장에게 '소라넷 폐쇄'를 강력하게 요구하자, 이를 지지한 여성들이 진 의원실에 후원금을 보내는 일이 일어났다. 시민-제도정치-정책의 네트워크가 형성된 것이다. "페미니즘은 돈이 된다"는 표현이 여성 대중 사이에서 힘을 얻기 시작한 것은 바로 이 시점이었다. 이때 "페미니즘은 돈이 된다"는 "페미니즘은 표가 된다"의 다른 표현이었으며, 이는 대의제 민주주의에서 여성이 취할 수 있는 하나의 정치적 의사전달 방식이기도 했다. 20대 총선에서 "아재정치 OUT"과 같은 구호가 등장하고, 수도권 지역 청년 여성의 투표가 여소야대의 결과를 만들어내는 등의 변화가 생긴 것은 이런 정치적 각성과 함께한다.

이 구호는 물론 적극적인 소비자운동과도 만났다. 최근 영국 여성 참정권 운동을 다룬 영화 〈서프러제트〉(2015)의 단체관람이 연이어 조직되고 있는 것은 그 대표적 예다. 여기에는 많은 사람들이 페미니즘의 역사를 보았으면 좋겠다는 바람과 함께 여성의 이야기가 '팔렸'으면 하는 바람 역시 녹아 있다. "대중문화에서 남성 중심 서사가 판을 치는 이유는 그것이 팔리기 때문"이라는 변명을 뒤엎는 미래를 그리는 것이다. 이는 여성혐오적 상품의 불매운동과 맞닿아 있고, 곧 "반여성적 상품은 구매하지 않겠다"는 의지의 표명과 짝을 이룬다.

이 움직임은 남성 중심적인 재현의 장을 재편해야 한다는 인식을 바탕으로 한다. 2010년대 대한민국을 사로잡고 있는 여성혐오적인 정서와 문화는 IMF 이후 정치경제적 위기를 남성 개인의 것으로 전치한 뒤, 그를 문화적으로 위로함으로써 타개하려 했던 지난 10여 년간의 사회적 분위기 속에서 만들어진 것이다. 그 과정에서 대중문화의 여성혐오는 여성에 대한 물리적 폭력을 조장하고 제도적 차별을 정당화해왔다. 그리고 이제까지 여성 소비자들은 이런 여혐 텍스트에도 기꺼이 지갑을 열어왔던 것이다. "페미니즘은 돈이 된다"는 더 이상 가부장제적 자본주의의 공모자가 되지 않겠다는 선언이기도 하다.

그러므로 우리는 이 구호에서 돈이 단순히 '자본'을 의미하지는 않는다는 사실, 가부장제적 자본주의하에서는 특히 더 그렇다는 사실을 봐야 한다. 자본은 끝을 모르는 자기 축적을 목표로 하지만 지금 이 운동에서 '돈'은 축적을 목표로 하지 않는다. 오히려 여성에 대한 차별과 타자화를 근간으로 하는 가부장제적 자본주의의 견고한 회로를 내파하는 균열이 되려는 것이다. 남성의 돈은 '연대'로 이해되고 여성의 돈은 '소비'로 환원되는 흔한 공식으로는 이 구호를 제대로 해석할 수 없다. 구호를 사용하는 페미니스트들 역시 이를 인식해야 한다.

한편으로 '돈'이란 대중이 조직되는 매개이며, '팔린다'라는 수사는 그 대중의 세계관과 욕망에 관계한다. 상식적으로 받아들일 수 있는 것, 욕망할 만한 것이 상품이 되기 때문이다. 그런 의미에서 "페미니즘은 돈이 된다"는 이 사회에서 도대체 어떤 가치가 교환될 수 있으며 소통될 수 있느냐에 대해 묻는 급진적인 질문이 된다. 그래서 '페미니즘이 팔린다'는 것은 페미니즘이 세계에 개입하는 영향력power이자 그 세계를 바꾸는 힘power이 된다는 말이기도 하다.

지금/여기에서 페미니즘은 양적으로 더욱 성장하고 질적으로 더욱 풍부해져야 한다. 그 확장의 원동력이 대중이라는 것이 한계처럼 보일 수도 있겠다. 대중은 여전히 익숙한 세계관에 물들어 있고, 자본주의는 만만하지 않기 때문이다. 그러나 페미니즘이란 한 시대의 한계를 껴안아 터뜨리면서 앞으로 나아가는 것이다. 우리는 '돈'이라는 수사 앞에 주춤할 것이 아니라, 오히려 그 한계를 예민하게 인식하면서 '돈'의 의미를 적극적으로 재해석할 필요가 있다. "파워 투 더 피플." 대중에게 힘을.

2016. 7. 6.

—— 2016년 5월 17일. 강남역 노래방 화장실에서 한 남성이 한 여성을 살해했다. 그의 죽음은 많은 여성들의 두려움과 분노에 불을 지폈고, 이내 애도와 추모의 물결이 일었다. 여성들은 이 살인 사건을 '여성혐오'라고 규정했다. 그리고 더 이상 "죽이지 말라"고 요구하고 있다. 한편 이는 그저 정신질환을 앓고 있는 한 사람의 우발적 살인이라고 주장하고 "남녀 대결을 부추기지 말라"고 말하는 이들도 있다. 이 주장은 하도 끈질겨서 우리로 하여금 질문을 던지게 한다. 여성을 타겟으로 한 이 범죄는 어째서 이토록 '여성혐오 사건이 아니어야' 하는가?

이에 답하기 위해, 우리는 우선 이 사건의 여성혐오적 성격을 되짚어봐야 할 것 같다. 이는 그저 칼이 휘둘러진 그 순간에 국한되어 있는 문제가 아니다. 다양한 맥락의 중첩 위에서 5월 17일의 그 사건은 비로소 여성혐오 사건이 되었다.

여성혐오란 한 사회가 남성을 보편인간으로 설정하면서 여성을 그보다 열등한 존재이자 그를 위협하는 존재로 타자화하는 것을 말한다. 이런 성별 간 위계를 통해 남성은 여성을 소유하고 통제할 수 있다는 환상을 가지게 된다. 가해 남성이 "여자들이 나를 무시했다"는 것을 살인의 이유로 꼽았다는 점은 중요하다. '자격 없는 자'에게 무시당했을 때, 모멸감은 분노로 연결되고 모멸감을 준 자는 단죄의 대상이 된다. 여성에 대한 통제 욕망이 극단화된 것이 폭력이며, 그 끝이 살인이다. 사람들은 피해망상에 따른 범죄는 혐오 범죄가 아니라고 말한다. 그런데 질문해보자. 여성을 특정한 근거 없는 피해망상은 어떻게 형성되었을까?

이어진 언론의 보도 행태는 이 사건의 여성혐오적 성격을 더욱 강화시켰다. 언제나처럼 가해 남성의 좌절된 꿈과 생활고, 정신 상태가 강조되었다. 그 안에서 희생된 여성은 삶의 역사가 지워진 얼굴 없는 피해자로 내던져진다. '살인 사건'의 서사는 남성을 주인공으로 쓰여지고, 여성은 또다시 대상화된다. 만약 여성 대중의 주목이 없었다면, 5·17 페미사이드(남성에 의한 여성살해)는 "화장실 변사체녀" 같은 또 하나의 "○○녀"를 남긴 채 신문 기록의 저편으로 사라져 갔을 것이다.

그러나 더 중요한 것은 피해 여성에 대한 공감이 여성들 사이에서 들불처럼 일어났다는 사실이다. 이 사건 하나가 존재하지 않던 공포를 만들어낸 것이 아니다. 여성들이 살면서 일상적으로 겪었던 멸시와 차별, 위협과 성/폭력이 여성들로 하여금 더 이상 이렇게 살 수 없다는 감각을 불러일으켰다. 여성들은 이를 성별 권력과 관계된 범죄로 규정함으로써 서로의 이름을 불렀던 셈이다. "이것은 우리 여성의 일이며, 따라서 남성의 일이다. 그러니 함께 움직이자." 여성들이 이 사건을 여성혐오 살해라 부르는 것에는 이렇게 오랜 시간 쌓여온 기억과 맥락이 있다.

사실 5·17 페미사이드는 특별한 일이 아니다. 3일에 한 번씩 여성이 남성 파트너 혹은 전 파트너에게 살해당하는 대한민국의 현실과 다른 맥락 위에 놓여 있지도 않다. 명백한 여성혐오 강력사건에서 성별을 지우려고 하는 것 역시 전혀 새롭지 않다. 성별이 폭력의 중핵임이 드러나면 우리 사회가 이와 싸우기 위해 건드려야 하는 것은 가부장제라는 뿌리 깊은 지배체제 그 자체가 된다. 너무나 복잡한 일일뿐더러, 그 제도 안에서 혜택을 받아온 남성에게 성찰과 동참을 요청하는 일이 된다. 이를 인지한 남성들은 그 시스템을 유지해온 장본인이 되기 때문에 고통스럽다. "나는 아니다, 나를 잠재적 범죄자 취급하지 말라"는 요구는 그래서 등장한다.

이것이 여성혐오 범죄가 아니어야만 하는 더 핵심적인 이유는 그 명명을 통해 비로소 체제의 공모자였던 여성들이 각성하고 문제 해결의 주체가 되었기 때문이다. 예전에는 많은 여성들이 이런 사건을 보면서 "몸가짐을 단정히 하라"는 가부장제의 명령을 내면화했다. 그리고 남자들은 "보호해줄게"라며 여성들에게 호루라기를 들려주는 것으로 넘어가면 그만이었다. 그러나 이제는 여성들이 밖으로 나와 여성을 죽이는 문화를 바꾸자고 목소리를 내고 있다. 보호가 아닌 보호받을 필요가 없는 안전한 세상을 요구하고 있다. 이는 기존 사회에 익숙한 이들에게는 꽤 낯설고, 또 불편한 광경일 터다.

싸움은 순탄하지 않을 것 같다. 무엇보다 여성의 용감한 슬픔을 도저히 견딜 수 없는 과격한 남성들이 다양한 추모의 공간에 등장하고 있기 때문이다. 그들의 자극적인 행태는 일베라는 극단적인 혐오세력 너머에 있는 여성혐오 문화 자체를 보자고 말하는 여성들의 입을 막는다. 일베가 모욕적인 화환을 보내자 사람들은 "역시 일베 탓"이라며 문제를 축소시키려 했다. '핑크코끼리'♦가 여성들을 자극하자, 사람들은 분노한 여성들을 '파시스트'라고 불렀다. 추모의 공간에 커터칼을 휘두르는 남자역시 등장하여 여성들을 위축시켰다. 그렇게 함으로써 그들은 여성들이 "발언할 공간, 경청될 공간, 권리를 지닐 공간, 참여할 공간, 존중받을 공간, 온전하고 자유로운 한 인간이 될 공간"(레

♦　청년 여성들이 강남역 10번 출구를 자생적인 추모 공간으로 만든 이후, 이곳에는 애도와 슬픔뿐 아니라 긴장감도 넘쳐났다. "남성을 잠재적 가해자 취급하지 말라"고 반발하는 남성들을 비롯해 추모를 방해하고 추모객을 위협하는 남성들까지 등장하면서 그 긴장감은 더욱 고조되었다. '핑크코끼리' 사건은 이 같은 상황을 보여주는 대표적인 예다. '핑크코끼리'는 자신이 강남역 10번 출구에 출몰할 것임을 일베 게시판을 통해 예고했고, "육식동물이 나쁜 게 아니라 범죄를 저지르는 동물이 나쁜 겁니다. 살기 좋은 대한민국, 남녀가 함께 만들어봐요. 고인의 명복을 빕니다"라는 피켓을 들고 추모 장소에 나타났다. 누군가가 핑크코끼리 탈 뒤통수에 "얘 일베충임"이라는 포스트잇을 붙였고, 거기에 모여 있던 대중들이 '핑크코끼리'를 위협하고 때리는 등의 상황이 펼쳐졌다. 강남역 10번 출구에서의 추모를 아니꼽게 생각하던 이들은 '추모를 핑계 삼은 페미니저들의 폭력성과 위험'을 보여주는 사례로 이 사건을 바라보았다.

베카 솔닛, 《남자들은 자꾸 나를 가르치려 든다》)을 침탈하고 위협한다. 그
럼에도 불구하고 여성들은 말하고 있다. 이제는 가만히 있지 않
을 것이며, 그런 공간들을 스스로 만들어가겠다고. 이제 이 싸움
에 함께할 때다.

2016. 6.

───── '여성 태아 낙태붐 세대'의 남녀 성비 불균형과 남성들의 불안이 화제다. 초음파 검진이 본격화된 1980년대 후반 이후 10년간, 여성으로 감별된 태아에 대한 인공임신중절 시술은 연평균 3만 건에 달했다. 흥미롭다. 여성이라는 성별 자체가 제거의 원인이 되는 시대를 지나왔는데, 불안한 건 남성이란다. 두 가지 사실을 기술하는 하나의 문장 안에서 무엇이 더 중요한 것으로 변별되느냐는 그 사회의 권력구조를 보여준다.

이와 같은 직접적인 '살해 위협'이 아니더라도 여성들은 불안하다. 남녀 임금격차와 여성 노동의 성격이 보여주듯이 여성은 경제적으로 더 열악한 위치에 놓여 있으며, 정의당 '중식이 밴드'* 사건이 상징적으로 드러내듯이 정치적 시민권 역시 쉽게 부정당한다. 동시에 여성혐오 문화는 날로 심해지고 있다. 그러므로 이제 여성들의 불안에 대해서도 이야기해보자. 여성 불안은 현재 젊은 여성들을 사로잡고 있는 두 개의 대중문화 아이콘에서 정확하게 확인된다. 하나는 '가모장' 김숙이고, 다른 하나는 '문명남' 에릭남이다.

김숙은 〈최고의 사랑〉(JTBC)에 쇼윈도부부로 캐스팅되면서 전설의 가부장 미러링, 즉 가모장 캐릭터를 등장시켰다. 김숙은 아무렇지도 않다는 듯 말한다. "어디 남자가 건방지게", "여자 웃음소리가 담장을 넘어야 그게 행복이지". 그가 한국의 가부장을 미러링할 때마다 여성들은 '물개박수'로 환호한다. 그러면서 김숙은 '갓숙', '퓨리오숙'과 같은 별명을 얻었다. 이 별명들은 한국여성들이 불안 속에서 무엇과 싸우고 있는지 잘 보여준다.

퓨리오숙이란 별명이 패러디하고 있는 것은 〈매드맥스: 분노의 도로〉(2015)의 퓨리오사다. 퓨리오사는 핵전쟁 이후 황폐해진 세계에서 출산기계이자 독재자 가부장의 소유물로 전락한 여성들을 구출하고 반란을 꿈꾼다. 그리고 결국 독재자를 처단하고 여성영웅이 되는데, 그의 손에는 세계를 구원할 한 줌의 씨앗이 들려져 있다. 이는 군사주의와 결탁한 가부장제적 자본주

♦　'중식이밴드'는 2015년 〈슈퍼스타K〉(Mnet)에 출연해 헬조선 청년세대의 애환을 잘 그리고 있다는 평가를 받으며 인기를 끌었다. 정의당은 2016년 20대 총선을 준비하면서 '중식이밴드'와 협약을 맺고, N포세대의 비애를 노래한 〈아기를 낳고 싶다니〉를 비롯해 〈여기 사람 있어요〉와 〈심해어〉를 당의 청년정책 홍보 음악으로 채택한다. 그런데 이 소식이 알려지자 트위터를 중심으로 '중식이밴드'의 여성혐오적이고 성차별적인 가사를 비판하는 목소리가 일기 시작했다. 〈선데이 서울〉이라는 곡의 "빚까지 내서 성형하는 소녀들/빚 갚으려 몸 파는 소녀들"이나 〈아동을 보면서〉에서 디지털 성범죄물을 보는 것을 묘사하는 가사 등이 문제가 되었던 것이다. 정의당은 이 비판에 대해 "여성 유권자들의 오해일 뿐"이라고 응답해 논란을 가중시켰다. 한 나라의 공당이 청년정책을 다룰 때 그 청년의 얼굴을 오직 '남성'으로만 상상한다면, 그 당은 '여성혐오적'이라는 비판을 피할 수 없다.

의가 망친 세계를 자연과의 공존 및 자급자족의 삶으로 구원하려는 에코 페미니즘의 상상력과 맞닿아 있다. 여기에 '갓숙'(god+김숙)이라는 한국적 가부장제하에서 탄생한 가모장 캐릭터가 합쳐진 것이 퓨리오숙이다. 그렇다면 퓨리오숙이야말로 보편적 가부장제와 한국의 특수성이 결합된 한국적 가부장제에서 등장할 수밖에 없었던 여성전사에 대한 별명이 된다.

　이와 함께 '문명남'인 에릭남이 급부상하고 있다. 서서히 높아져가고 있던 에릭남의 인기는 〈SNL 코리아〉(tvN) 시즌7 '에릭남 편' 방송 후 폭발했다. 에릭남은 스스로 망가지는 연기는 마다하지 않되 '간디' 같은 위인과 '홍석천' 같은 성소수자는 희화화할 수 없다고 거절하면서 누리꾼의 마음을 사로잡았다. 사회적 약자일수록 더욱 비하의 대상으로 삼는 최근 한국 코미디의 어떤 경향과는 꽤 비교되는 태도다. 한 누리꾼은 "여자에게 친절하기 때문이 아니다, 문명인이기 때문에 에릭남을 좋아한다"고 고백한다.

　가모장과 문명남에 대한 열광은 일면 이성애에 기반한 것처럼 보인다. 하지만 '남녀 관계' 안에서 등장한다고 해서 반드시 이성애적인 것이라 볼 수는 없다. 여기에는 이성애를 초과하는 것이 있다. 바로 남성과 공존해야 하는 한국여성의 생존 문제다. 2015년 한 언론이 빅데이터를 기반으로 조사한 것처럼 온라인에서의 '여혐혐'(여성혐오를 혐오한다)을 추동하는 가장 큰 힘은 혐오가 아니라 공포였다. 기사는 남성들이 휘두르는 폭력에 대한 공포, 시선에 대한 공포, 그리고 결혼생활에 대한 공포가 여성들을 불안하게 한다고 밝혔다.

이를 과민반응이라 치부할 수만은 없다. 예컨대 맥심 코리아 사건을 떠올려보자. 맥심 코리아는 2015년 9월호 표지에 한 남성이 여성을 납치, 살해한 뒤 트렁크에 넣어놓은 이미지를 사용하면서 "이게 진짜 나쁜 남자다, 좋아 죽겠지?"라고 설명했다. 이후 성범죄를 미화하고 상품화한다는 비판을 받았지만, 이를 일부 여성들의 과민반응으로 치부해버렸다. 그러나 결국 공식 사과하고 잡지를 전량 폐기하게 된다. 미국 본사가 한국여성들의 문제제기를 진지하게 받아들였기 때문이다.

여기에서 서구는 한국여성에게 선진적인 성체계를 가진 '문명국'으로 등장한다. 그리고 한국은 전근대적인 성체계에서 벗어나지 못했다는 점에서 '(헬)조선'이 된다. 문명남 캐릭터에 대한 열광은 이 선진성에 대한 기대와도 연결되어 있다. 물론 미국에서도 9초마다 한 명씩 여성이 폭행을 당하고, 매일 세 명의 여자가 파트너 혹은 전 파트너에게 살해당한다. 그러므로 '문명' 이란, 이 세계에는 존재하지 않는 우리들의 판타지이기도 하다.

이것이 과연 여성들의 '오버'인가? 폭력을 양산하는 재현을 그만두라는 것, 그것을 지적했을 때 성찰하고 사과하라는 것, 부당한 차별과 혐오를 거두라는 것, 폭력을 휘두르지 말라는 것. 아니 그 무엇보다 '죽이지 말라는 것'이 그렇게 과도한 요구인 가? 어째서 남성의 불안만 주목받고 여성의 공포는 폄하당하는

가. 가모장과 문명남 캐릭터의 성공으로부터 얻는 교훈이 있기를 바란다.

2016. 5. 11.

—— 2016년 7월 31일, 대학 내에 경찰병력 1,600명이 진입하는 초유의 사태가 벌어졌다. 학교의 독단적인 행정처리에 반대하면서 학교 측과 대치하고 있던 이화여자대학교 학생들을 진압하기 위해서였다. 이런 상황에서 한 교수는 "학생이 학교의 주인이라고? 4년 있다 졸업하는데?"라 했다고 전해진다. 요즘 대학의 위치를 정확하게 보여주는 말이다. '스펙의 전당'에서 더 이상 학생들은 주체가 아니다. 그저 스펙을 구매하는 소비자에 불과하다. 그러나 자신의 본분을 잊은 대학이 학생을 일개 소비자로 취급한다 하더라도 학생들 스스로는 그렇게 생각하지 않았다. 지금 펼쳐지고 있는 운동이 이를 잘 보여준다.

문제가 되고 있는 '미래라이프' 사업은 교육부가 진행하는 '평생교육 단과대학 지원사업'의 일환이다. 이화여자대학교는 사업에 선정되어 정부로부터 35억을 지원받기로 했다. 그런데 이름만은 아름다운 이 사업은 지난 20여 년간 지속된 대학 신자유주의화의 연장선상에 있다.

90년대 이후 한국 정부의 대학정책은 고등교육이 공공재가 아니라 상품이라는 것을 전제로 했다. 그리하여 '자유화'란 이름으로 대학은 기업화되었고, '자율화'란 명분으로 무한경쟁의 방법론이 도입됐다. 그 최전선에 정부에 의한 '대학평가'와 '구조개혁'이 놓여 있다. 인구 감소로 고등교육이 '사양산업'으로 접어들자 정부는 정원 감축 및 지원금을 빌미로 대학을 적극적으로 통제하기 시작했다. 그리고 대학은 이에 발맞춰 학교 구성원과의 소통을 단절하고 파행적으로 학교를 운영하고 있는 것이다.

이는 2015년 중앙대학교 사태를 중심으로 불거진 학과 통폐합과 구조조정의 문제로 이어지기도 했다. 대학의 신자유주의화는 학문과 고등교육의 의미 자체를 시장주의로 재구성하려는 것이기 때문에 구성원의 반발에 부딪힐 수밖에 없다. 따라서 대학 측의 소통 단절은 필수 요소가 된다. 지금 이화여대가 겪고 있는 진통 역시 신자유주의적 구조조정에 나팔수 역할을 하고 있는 최경희 총장의 불통과 독단으로부터 기인했다는 평가다.

이 흐름을 이끌었던 황우여 전 교육부 장관은 "취업이 학문보다 우선하며, 취업을 중심으로 대학을 바꿔야 한다"는 신념을 밝힌 바 있다. 정부에 의한 대학평가 기준이 무엇인지 여실히 드러난다. 이처럼 신자유주의 대학의 등장은 한편으로 대학을 취업학원으로 전락시켰다. 학부제와 상대평가는 학생자치를 무너뜨리는 기반이 되었고, '산학 협동'이라는 이름 아래 지식과 사유는 시장의 부속물로 통합되었다. 비정규직 강사뿐 아니라 정규직 교수들의 '노동조건' 역시 열악해졌으며, 이제 학위는 자격증에 불과하다.

'미래라이프' 단과대학에는 '뉴미디어 산업'과 '웰니스 산업' 등의 전공이 신설될 예정이라는데, 이런 분야가 학위를 요하는 학제에 편입될 수 있는 것은 대학 사회 내에 팽배한 '시장 정서' 안에서야 가능하다. 이런 상황이기 때문에 "학교의 주인은 학생이 아니다"라는 말이 가능해진다. 그러므로, 그 시작이 어찌되었건 간에, 학생들의 투쟁은 신자유주의 대학의 구조 자체에 저항하고 있는 것에 다름 아니다.

학생들의 싸움을 '학벌이기주의'라고 낙인찍는 대학 측과 언론의 프레임은 교묘하다. '엘리트'에 대한 대중적인 불편함에 즉각적으로 호소하고, '여학생들의 속물근성'을 돋보이게 하며, 진보진영으로부터의 전폭적인 지지 역시 차단할 수 있기 때문이다. 그러나 방송에 출연하여 자신들의 입장을 밝힌 한 학생은 말한다. "직장인이나 고졸 여성들에게 배움의 기회를 제공하는 것에는 전적으로 동의한다. 다만 특별한 단과대를 신설하여 학위를 수여하는 것에 의문이 있을 뿐이다. 그보다 본교에 이미 있는 평생교육원의 질을 높이는 것이 타당하다. 또한 이 사업은 4년제 졸업장이 있어야만 경력을 이어갈 수 있고 승진할 수 있는 사회의 비합리적 구조를 공고하게 만들고 학벌주의를 조장할 뿐이다."

물론 학생들의 싸움이 '학벌이기주의'로부터 시작되었고,

그로부터 추동력을 얻은 것일 수 있다. 사회의 꼴이 이러한데, 학생들에게만 대단한 급진성을 요구할 순 없다. 그러나 이화의 싸움은 여기서 멈추지 않을 것이다. 세계의 부조리와 모순에 저항하는 운동은 일종의 '사건'이다. 저항은 질문이고, 질문은 우리로 하여금 '다른 세계'를 꿈꾸게 하며, 꿈은 그것을 이루기 위한 충실한 움직임으로 이어지기 마련이다. 학생들은 '중심 없는 다중'으로서 SNS를 중심으로 소통하고 모든 사안을 토론과 투표를 통해 결정하고 있다고 한다. 그들은 새로운 운동주체로서 이미 자신들의 투쟁 방법을 찾아가는 중이다.

이화여대 학생들이 경찰과 대치 중에 '투쟁가'로 소녀시대의 〈다시 만난 세계〉를 '떼창'한 것은 그래서 자못 의미심장하다. 그야말로 그들은 세계를 다시 만나고 있다. 그렇게 다시 만나는 세계는 이전과 같은 세계일 수 없다. 그 싸움이 어디로 가든, 존경의 마음을 담아, 지지한다.

2016. 8. 3.

—— "두 명 이상이 같은 문제로 고통받고 있다면, 그건 더 이상 개인의 문제가 아니라 정치적인 문제다. 강간은 정치적인 문제다."

1971년 미국 래디컬 페미니스트들이 쓴 〈강간반대 선언문〉 속 문장이다. 여기서 '강간'이란 여러 성폭력을 아우르는 말로 번역될 수 있다. 그리고 성폭력이 정치적인 문제라는 것은 개인의 힘으로는 해결되지 않으며, 따라서 집단적인 움직임만이 변화를 만들어낼 수 있다는 의미. 2016년 10월 대한민국에서 이 사실을 깨달은 여성들이 움직이기 시작했다.

지금 SNS에서는 용광로처럼 부글거리는 열기와 에너지로 '#○○계_내_성폭력' 운동이 펼쳐지는 중이다. 웹툰계와 문단에서 일어난 성폭력에 대한 고발로부터 시작된 이 흐름은 이제 영화계, 미술계, 교육계 등을 넘어 군대 내 성폭력도 논의되어야 한다는 문제제기로 이어지고 있다. 여성들은 자신들이 경험한 다종다양한 성폭력을 폭로하기 시작했고, 그에 대한 반응은 생각보다 격렬하고 '파워풀'하다. 트위터 유저들의 말처럼 이는 '온라인 생존자 말하기 대회'나 마찬가지다.

생활세계에서 벌어지는 성폭력의 문제에 여성들이 이처럼 민감하게 반응하는 것은 누구나 이런 기억을 가지고 있기 때문이다. 이 기억들은 우리를 움츠리게 하고 우리의 행동을 단속해왔다. 얼마 전 "몰카가 무서워서 순결을 지키는" 여성 청년들이 있다는 이야기를 들었다. 순결이라는 단어에 '도덕'이 아니라 '공포'가 들러붙는 세상. 이건 확실히 한국사회가 지금껏 경험해보지 못한 두려움이다. 어떤 사람들 눈에는 기이해 보일 정도로 폭발적인 여성들의 비명은 이런 두려움에 바탕하고 있다. 이 공포가 용기와 집단행동으로 전화되고 있는 것이다.

나는 일련의 움직임 속에서 여자들이 힘을 가지기 시작했음을 본다. 메갈리아를 둘러싸고 벌어졌던 논쟁의 진정한 의미 역시 여자들에게 '그렇게 할 수 있는 힘'이 생기기 시작했다는 데 있다. 새로운 세계를 가져올 수 있는 힘이든, 세계를 망쳐버릴 수 있는 힘이든 말이다. 이제 우리 앞에 놓인 과제는 이 힘의 방향을 어디로 잡고, 무엇에 사용할 것이며, 그리하여 어떻게 더 단단하게 만들어 확장해나갈 것인가다. 이 과제를 풀기 위해 치열한 고민과 뜨거운 논쟁, 그리고 수많은 실험들이 필요할 것이다. 오늘 이 글에서는 '즉각성과 머뭇거림 사이의 줄타기'에 대해 생각해보고 싶다.

SNS에서는 폭로가 고통의 시간을 찢고 타임라인 위로 터져 나오면 그 내용이 바로 기정사실로 굳어진다. 타임라인은 들

끊기 시작하고, 다른 목소리는 공격의 대상이 된다. 그러나 폭로가 곧바로 사실을 증명하는 것은 아니다. 힘들게 목소리를 낸 이의 '무고'를 의심하라는 것이 아니다. 그 이야기를 들은 '내'가 누구보다 발 빠르게 판관을 자처하지 않아도 괜찮다는 의미다. 피해자의 고통에 감응하고 그를 지지하는 것은 즉각적일 수밖에 없다. 다만 판단과 대응에는 잠시 머뭇거릴 필요가 있다. 속전속결보다는 오히려 시간을 우리 편으로 만드는 것이 중요하다. 더 힘든 싸움이 기다리고 있기 때문이다.

폭로와 공감, 집단적인 움직임, 그리고 고발과 불매로 이어지는 속도전이 아직은 최선으로 보인다. 그러나 이것이 남기는 상처는 깊다. 잠깐의 머뭇거림은 우리에게 복잡한 맥락을 고려하고 효과적인 전략을 짤 수 있는 간극을 만들어준다. 우리는 더 많은 싸움의 기술을 고안하고 계발해야 한다. 힘을 가진 자에게 쉽게 복무하는 법이나 돈을 따라 가볍게 돌아서는 시장논리에 기대는 것은 물론 효과적이고, 때로는 필수적이다. 그러나 충분하지는 않다. 그것은 우리만의 도구가 아니기 때문이다.

함께 주목해볼 만한 '사건'들이 있다. 영화 〈걷기왕〉(2016)의 경우 스태프를 대상으로 성희롱 예방 교육을 진행하고, 콘티북에 '성희롱 지침'을 실었다. 영화계에서 처음 있는 일이다. 스태프 중 한 명이었던 남순아 씨의 제안 덕분이었다. 자신의 자리에서 지치지 않고 목소리를 내는 그 한 명의 페미니스트는 소중하다.

정춘숙 더불어민주당 의원은 성폭력 범죄와 관련해 '무고수사'를 사건 종결 후로 미루는 법률 개정안 발의를 준비하고 있다. 성폭력 사건에서 가해자가 거는 무고죄와 명예훼손 고발은 피해자의 발목을 잡는 악질적인 꼼수다. 이를 법으로 막겠다는 것이다. 이 개정안에는 피해자의 과거를 증거자료로 채택할 수 없도록 하는 내용 역시 포함되어 있다. 이는 성폭력을 피해자의 탓으로 돌리는 낙인효과를 막는 데 필수적이다.

이 진통 속에서 새로운 세계를 견인할 또 다른 '우리'를 조직해낼 수 있을까? 이제 열쇠는 우리의 손 위에 올라왔다.

2016. 10. 26.

──── 2015년은 전 세계적으로 '월경의 해 The Year of Period'로 불렸다. 은밀하고 사적인 것으로 치부되었던 월경이 드디어 공론장으로 나왔기 때문이다. 생리용품을 착용하지 않은 채 흐르는 월경혈에도 아랑곳하지 않고 런던 마라톤을 완주한 인도계 미국인 뮤지션 키란 간디의 웃는 얼굴, 인스타그램에 업로드된 인도 출신 페미니스트 시인 루피 카우르의 월경혈 사진들, 월경을 이유로 여성을 깎아내린 도널드 트럼프를 비판하는 '#PeriodIsNotAnInsult'(#월경은모욕이될수없다) 캠페인, 그리고 캐나다의 생리대 세금 폐지 결정 등. 그야말로 월경을 금기시해온 가부장제의 고정관념과 싸우는 여성들의 '피의 향연'이 펼쳐지기 시작한 것이다. 그리고 2016년, 한국에서도 월경과 생리대가 검은 비닐봉지를 벗어나 공적인 논의의 장으로 진출했다. 지난 7월 3일, 인사동과 SNS에서 펼쳐진 '#생리대를붙이자' 캠페인이 그 대표적인 예다.

인류의 절반이 생의 8분의 1에 가까운 시간 동안 경험하는 월경. 우리는 어째서 이에 대해 그렇게 오랫동안 말하지 못했을까? 여성학자 박이은실은 《월경의 정치학》에서 인류의 역사가 "아주 평범한 몸의 일(월경)을 금기로 만들어왔다"고 말한다. 월경이란 여성이 일상적으로 경험하는 생물학적 신진대사지만, 가부장제 사회는 이에 특별한 의미를 부여하면서 여성을 성스러운 존재로 만들거나 열등한 동물의 위치로 끌어내렸다. 그리고 이를 통해 여성에게 다양한 제약을 가해왔다. 월경이야말로 남성과 여성의 차이가 가시적으로 드러나는 생리적 현상으로서 여성의 타자성이 구성되는 자리였던 셈이다.

월경이 여성혐오로 이어진 역사는 매우 깊다. 월경혈이 악귀를 부르거나 남성의 성기를 상하게 하고 음식을 썩게 만든다는 등의 미신은 오랜 시간 다양한 문화권에서 통용되었다. 이런 미신이 사라지자 과학이 곧 그 자리를 대신한다. '폐경'이나 '월경전증후군PMS' 같이 근대 의학에 의해 발명된 용어들은 "여성을 감정적이고 지적으로 문제적인 존재"로 만들었다. 그렇게 월경은 공적 영역의 다양한 활동으로부터 여성을 배제하는 신뢰할 만한 이유가 되어왔다. 흥미로운 것은 남녀 사이의 위계가 분명한 사회일수록 월경에 대한 금기 역시 견고하다는 것이다. 월경은 여성의 일이기 때문에 음지로 쫓겨났다. 그러므로 월경에 대해서 꺼내놓고 말한다는 것, 그로부터 특별한 의미를 걷어내 평범한 일로 만든다는 것은 유구한 여성혐오의 역사와 싸운다는 의미와도 같다.

그러나 월경을 말하는 것은 이를 둘러싼 억압적 상징체계와의 싸움에 그치지 않는다. 이는 아주 현실적인 싸움이기도 하다. 주목할 만한 것은 그간 월경이 꺼내 말하기 '거북한 것'이었기 때문에 정책적이고 제도적인 지원을 논하기가 쉽지 않았다는 점이다.

무엇보다 월경에 대한 교육이 제대로 이루어지지 않는다. 그 탓에 여성들은 처음 경험하면 당황하기 마련인 몸의 변화를 준비하지 못하고, 남성들은 월경이 무엇인지 생리대 광고로 배운다. 물론 문제는 다른 곳에서도 터진다. 소비 인구의 거의 절반에 이르는 숫자가 생리대를 소비하고, 한 여성이 평생 생리대에 쓰는 돈은 약 680만원에 달하지만, 생리대는 물가지수에 포함되지 않는다. 이는 생리대 가격이 지난 5년간 소비자물가 대비 최대 3.5배가 인상됐는데도 규제되고 있지 않는 것과도 연결된다. 한편, 지난 4월 '국민안전처'는 생리대를 응급구호세트에서 제외해버렸다. "생리대는 활용도가 낮은 데다 활용 연령대도 제한적"이며 "개인 취향의 문제"라는 것이 이유였다. 남성용 면도기가 포함되어 있었던 것과는 대조적이다. 이는 한국 정부가 판단하는 '활용도'의 기준이 남성임을 분명하게 보여준다.

이야말로 월경이 이 사회에서 다뤄지는 흥미로운 방식이다. 여성은 보편시민으로 상상되지 않기 때문에 월경 역시 시민의 문제가 아니라 개인의 문제가 된다. 그리고 여성은 시민이 아닌 소비자이기 때문에 생리대의 사용은 '개인 취향의 문제'로 치부된다. 그러므로 생리대와 관련해 가장 민첩하게 움직이는 것은 월경과 관련된 위생용품이 얼마나 큰 규모의 시장을 형성하는지 알고 있는 자본뿐이다. 덕분에 한국의 생리대 가격은 세계 어느 곳에서보다 비싸다. 시장은 형성되었고, 정부는 개입하지 않으며, 여성 소비자는 호구가 된다. 그리고 '깔창 생리대'를 사용해야만 했던 여성처럼, 구매력이 없는 여성은 이 회로에서 완전히 배제되고 만다.

이제 월경을 개인과 시장의 문제로 남겨둘 것이 아니라, 시민의 기본적인 권리의 문제로 접근할 때가 왔다. 시민권은 남성과 여성의 차이를 지움으로써가 아니라 그 차이를 온전히 고려함으로써 보완되어갈 수 있다. 그리고 정부는 이 기본적인 권리로부터 배제되어 있는 시민에 대한 정책적 지원을 강구해야 할 것이다. 케냐에서는 2011년부터 저소득층 여학생에게 생리대를 무상으로 지급하고 있다. 뉴욕시의회는 2016년 6월, 공립학교와 무주택자 쉼터, 교도소 여성들에게 탐폰과 패드형 생리대를 무료로 보급하기로 결정했다. 전 세계적으로 월경을 시민의 기본권으로 다루는 흐름은 이미 시작되었다.

2016. 7.

—— 지난 10월 여성들이 낙태죄 폐지를 요구하며 거리로 나섰다. 이는 폴란드의 낙태죄 반대 집회인 '검은 시위'로부터 영향을 받은 것이기도 했지만, 임신중지(낙태) 시술을 한 의사에 대한 처벌을 강화하겠다는 정부 발표에 반발한 것이기도 했다. 이들은 "나의 자궁, 나의 것", "내 자궁에서 손 떼, 국가는 나대지 마라" 등의 피켓을 들었다. 그러면서 임신중지는 또다시 뜨거운 논쟁의 대상이 되고 있다. 나는 이 시위를 보면서 임신중지를 경험한 여성들에 대한 다큐멘터리 〈자, 이제 댄스타임〉(2013)을 떠올렸다.

작품은 흥겨운 뽕짝과 깔깔거리는 웃음소리로 시작된다. 중년의 여성들이 낙태에 대해 수다를 떠는 중이다. 나는 네 번 했고, 너는 두 번 했고, 건넛집 ○○이는 심지어 열댓 번도 했다는 이야기. '낙태 버스'가 산아제한정책의 일환으로 운영되던 시절의 이야기다. 국가가 경제발전을 위해 제도적 차원에서 추진했던 일인 만큼 죄책감의 자리는 크지 않다. 곧이어 흔들리는 카메라는 세종로 사거리를 비추고, 20대 여성의 고백이 떨리는 목소리로 이어진다. 낙태가 '무덤까지 가져가야만 하는 비밀'이 되어버린 시대. 임신중지를 경험한 여성이 바라보는 세계는 그토록 불안하게 흔들린다.

다큐가 효과적으로 대비시키고 있는 것처럼 '낙태'란 역사적 상황에 따라 완전히 다르게 이해되고 경험되어온 유동적인 관념이다. 이때 그 유동성에 방향을 제시한 것은 가부장제와 만난 자본주의 국가의 시장논리였다. 즉 국가의 노동력 및 소비력 관리가 여성의 육체를 경유해 시전되었다. 한때는 국가의 경제 발전을 위한 '애국'이었던 낙태가 '살인 행위'가 된 것은 저출산·고령화 사회의 공포가 국민들에게 주입되기 시작한 시기와 맞물린다.

임신중지를 당한 태아의 기억분자가 살아남아 여주인공 마리(심은하)를 숙주로 삼는다는 콘셉트의 납량특집 드라마 〈M〉(MBC, 1994)은 낙태에 대한 죄책감이 여성들에게 강요되기 시작하던 때의 대중문화였다. 이와 함께 태아에게도 감정과 생명이 있다는 과학 담론이 부상하기 시작한다. 죄책감이라는 감정을 통해 국민을 지배하는 국가의 '정동 정치'는 임신중지의 문제에서 가장 극명하게 드러났던 셈이다.

이런 강요된 죄책감은 특히 '태아의 생명권 vs 여성의 자기결정권'이라는 왜곡된 프레임 속에서 강화된다. 생명권과 자기결정권의 대결에서 '결정'이 '생명'을 이길 수 있을 리 없다. 그러나 우리는 오히려 "태아의 생명과 여성의 생명은 분리되어 있는가?"를 질문함으로써 '생명'의 의미 자체를 재구성해야 한다.

태아의 생명은 임신한 여성과의 관계 안에서만 설명될 수 있다. 자궁은 신체의 일부이고 다른 기관과 혈관 및 신경으로 복잡하게 얽혀 있다. 그러나 신체를 연속으로 보지 않고 파편화된 공간으로 이해하는 근대적 과학은 여성을 '자궁 캐리어'로 치부해온 가부장제의 사고방식과 정확하게 맞아떨어졌다. 그렇게 자궁과 여성을, 그리하여 태아의 생명과 여성의 생명을 간단하게 분리해버린 것이다. 태아는 독립적인 생명이 아니라 여성 생명의 일부다. 그러므로 임신중지는 복잡하게 얽혀 있는 생명 전체에 대한 정당한 고려를 바탕으로 판단되어야 한다.

또 하나의 중요한 질문은 이것이다. 과연 임신중지를 '선택과 결정'이라는 자율성의 문제로 단순하게 설명할 수 있을까? 많은 여성들이 낙태를 원하지 않았다고 말한다. 그것은 낙태가 자신의 '선택'이 아니라 '필연'이었다는 것이다. 이런 고백은 우리로 하여금 임신중지를 구성하는 맥락에 대해서 생각하게 한다. 파트너와의 관계, 섹스와 피임, 그리고 임신 과정에서 여성은 무엇을 결정하고 무엇을 결정할 수 없으며, 무엇을 선택하고 무엇을 강요당하는가? 폭력의 상황에서는 또 어떤가? 계획되지 않은 출산 이후 여성과 아이의 삶은 어떻게 될 것인가? 고려해야 할 질문은 많다.

이처럼 임신중지는 시술이 행해지는 찰나와도 같은 순간에 대한 문제가 아니다. 그것은 과정과 관계에 대한 이야기이며,

우리가 살고 있는 사회의 성별위계와 성을 둘러싼 편견, 이중 잣대, 그리고 허술한 사회적 안전망에 대한 이야기다. "진짜 문제는 낙태죄"라는 피켓의 문구에는 이런 복잡한 맥락이 녹아들어 있다.

〈자, 이제 댄스타임〉은 이 짧은 글에서 다 다루지 못한 다양한 쟁점들에 대해 두루 이야기한다. 제목 "자, 이제 댄스타임"은 영화가 끝나고서야 화면에 뜨는데, 이에 대해 조세영 감독은 다음과 같이 말했다. "여성들의 이야기를 충분히 듣고 나눈 다음에야 비로소 '댄스타임'이라고 말할 수 있었다." 과연 우리 사회는 언제쯤이나 "댄스타임!"이라고 외칠 수 있을까?

많은 사람들이 이 다큐멘터리를 보고 토론하셨으면 좋겠다. 함께 나누고, 이야기하고, 그렇게 임신중지에 대한 논의를 발전적으로 확장시킬 수 있는 시간들을 만들어주시길 바란다.

2016. 12.

후기

2019년 4월 11일, 헌법재판소는 '낙태죄' 조항이 위헌에 합치하지 않는다는 결정을 내리고 2020년 12월 31일까지 법을 개정할 것을 권고했다. 이 결정은 2015년 페미니즘 리부트 이후 대중 여성운동이 이룬 최고의 성과 중 하나로 평가받는다.

―― 요즘 방송에 출연 중이다. '본격 젠더 토크쇼'를 표방한 EBS
의 〈까칠남녀〉. 2회의 주제는 '피임'이었다.

그런데 녹화를 준비하면서 충격적인 뉴스를 접하게 되었
다. 콘돔에 대한 접근성이 떨어지는 10대들이 피임을 위해 콘돔
대신 랩이나 비닐봉지를 사용한다는 것이었다. 이는 무엇보다
한국사회에서 성교육이 얼마나 엉망인지 보여준다. 성에 대해
자유롭게 이야기하지 못하는 문화는 성을 은밀하게 만듦으로써
공적인 장에서 지워버린다. '랩콘돔'은 하나의 예일 뿐, 제대로
말하지 못하기 때문에 성이 위험해지는 일은 비일비재하다.

그러나 성에 대한 무지는 10대만의 문제는 아니다. 한 남
성 출연자는 "피임법으로 체외사정을 합니다"라고 말했다. 40
대 남성에게 체외사정이 왜 피임법이 아닌지 설명해야 한다
니. 그리고 그런 이야기를 한 분이 한때는 한국의 대표적인 에
로영화 감독이었다는 사실 역시 상징적으로 다가왔다. 성에
대한 쓸모 있는 지식은 여성이 훨씬 더 많이 알고 있을 때에도,
그에 대해 더 많은 말을 하는 것은 남성들이라는 사실이 아이

러니하지 않은가.

체외사정은 다음 세 가지 이유에서 절대로 피임법이 될 수 없다. 첫째, 성교 시에는 여성의 애액처럼 남성의 몸에서도 쿠퍼액이라는 윤활유가 나온다. 여기에 정자가 포함되어 있을 수 있다. 둘째, 외음부에 묻은 정액의 정자가 여성 질 내부로 들어가는 경우가 생긴다. 셋째, 일부 남성들의 '자기-확신'과 달리, 사정은 그렇게 정확하게 조절되지 않는다. 특히 음주 후에는 절대로 체외사정에 확신을 가지면 안 된다.

그러나 더 중요한 것은 피임의 목적을 이해하는 것이다. 피임은 원하지 않는 임신을 예방하는 것이기도 하지만, 그만큼이나 성병 예방을 그 목적으로 한다. 임신을 피하는 방법에는 경구피임약, 피임주사, 피하삽입형 피임기구, 루프 등이 있지만 성병 예방은 콘돔으로만 가능하다. 특히 제대로 씻지 않은 남성의 성기는 질염 등을 유발하여 여성의 건강을 위협한다. 여성용 콘돔이라고 할 수 있는 페미돔도 있으나, 이는 한국에서는 시판되고 있지 않을뿐더러 가격이 비싸고, 사용 방법 역시 매우 번거롭다.

남성 출연자들이 콘돔을 사용하지 않는 이유는 대체로 두 가지였다. 첫째는 성감이 떨어진다는 것이고, 둘째는 분위기가 깨진다는 것이었다. 초박형 콘돔의 시대에 성감을 운운하는 것은 사실 핑계에 불과하다. 그러나 '분위기'에 대해서는 좀 더 생각해볼 필요가 있다. 이는 많은 여성들을 사로잡고 있는 이유이기도 하기 때문이다. 예컨대 "분위기를 깰까봐 안 된다는 말을 못한다"는 것이다. 하지만 기억하라. 분위기는 언제든 다시 돌아온다.

우리는 섹스를 둘러싼 판타지에 대해 질문해봐야 한다. 불같이 타오르는 욕정, 격하게 진행되는 전희, 폭력에 가까울 정도로 '열정적'인 삽입, 정신을 다 날려버리는mind-blowing 오르가즘. 마치 영화에서 그렇게 하듯이, 우리는 섹스에 너무 많은 판타지를 부여하는 것은 아닌가.

잘 씻고 준비하고 대화를 나누는 과정은 꽤 자극적인 전희다. 때로는 꼭 오르가즘에 '오르지' 않아도 충분히 즐거운 섹스가 되기도 한다. 섹스가 일종의 '몸의 대화'라고 한다면 그 형태에는 여러 가지가 있을 수 있지 않겠는가. "막 진행되는 와중에 갑자기 멈추고 콘돔 끼우는 건 안 섹시하잖아요"라는 남성 출연자의 말에 다른 여성 출연자가 대답했다. "왜요, 콘돔 끼우는 것도 얼마든지 섹시할 수 있죠."

콘돔만이 가장 적절한 피임법이라는 것은 아니다. '가장 좋은 피임법'이란 없다. 피임률 100퍼센트인 피임법은 없을뿐더러 각각이 얼마간의 부작용을 지니기 때문이다. 그러므로 어떤 것이 내 몸, 그리고 '우리'의 몸에 가장 잘 맞는지 함께 알아가는 과정이 필요하다. 그래서 권장하는 피임법은 '듀얼 프로텍션dual protection', 즉 관계에 동참하는 두 사람이 모두 각자 몸에 맞는 피임법을 실천하는 것이다.

남성의 경우, 이르면 2020년 안에 남성용 경구피임약이 시판될 예정이지만, 아직까지는 콘돔이 가장 편리한 방법이다. 그렇다면 자기 몸에 대한 보호, 상대방에 대한 존중, 그리고 관계에 대한 책임이라는 의미에서 콘돔 사용을 일상화할 필요가 있다. 18세에서 69세에 이르는 한국남성의 콘돔 사용률이 11.5퍼센트에 불과하다는 것은 사실 좀 부끄러운 일이다.

콘돔은 번거롭고 분위기를 깨며 성감을 저해한다는 고정관념을 버리면 훨씬 더 안전하고 그래서 더 즐거운 섹스가 시작될 것이다. 눈을 감고 남자가 콘돔을 착용하는 장면을 상상해보자. 아, 정말 섹시하지 않은가.

2017. 5.

── 얼마 전 영화계에서는 황당한 사건이 벌어졌다.

　　15세 관람가로 알고 출연을 결정한 여배우 A는 부부강간 장면을 촬영하면서 상대역인 남배우 B에게 성추행을 당한다. 남배우 B는 "표정연기 등을 통해 강간 상황을 암시한다"는 합의된 수위를 넘어 여배우 A의 상의와 속옷을 찢고 어깨를 주먹으로 가격했으며, 여러 신체 부위를 더듬었다. 여배우 A는 이를 신고했고, 검찰은 남배우 B를 강제추행치상으로 기소했다. 그런데 법원은 그가 연기에 "과몰입"한 것뿐이라며 무죄를 선고한다. 더 문제적인 것은 감독이 여배우 A 몰래 남배우 B에게 "미친놈 같은" 강간 연기를 지시했다는 사실이다. 이는 여배우가 영화 현장에서 어떻게 대상화되고 도구화되는지 보여준다.

　　여기서 등장한 "과몰입"이라는 표현은 매우 영리한 선택이다. 한국사회의 성폭력에 대한 몰이해와 '예술행위'에 대한 낭만적 판타지를 절묘하게 조합해냈기 때문이다. 무엇이 예술이냐, 혹은 예술은 어디까지 용인될 수 있느냐는 복잡한 논쟁의 주제다. 그러나 예술이 '천상의 피조물'이 아니라는 것만은 명백하다. 예술은 세속적이고 사회적인 것이며, 따라서 "과몰입"의 성격 역시 문화적으로 결정된다. 그리하여 질문해야 하는 것은 한 배우가 합의 없이 그런 식으로 과몰입해버릴 수 있었던 그 '용인의 문화'다.

용인의 문화야말로 한국영화의 저열한 여성 재현뿐만 아니라 영화계 내 성폭력의 근본적인 원인이기도 하다. 그리고 이는 특히 영화학교-영화제-영화비평-영화산업-영화정책 등으로 연결되어 있는, 영화제도 내의 남성화된 카르텔 속에서 만들어진다.

예컨대 이런 것이다. 몇 년 전, 한 국제영화제에서 프랑스의 유력 영화잡지 《카이에 뒤 시네마》의 역대 편집장 세 명과 국내 평론가 두 명의 대담 자리가 열렸다. 이 다섯 명은 모두 남자였다. 이 자리에서 '카이에'가 한국에서 가장 인정받는 감독은 누구냐고 질문했다. 이에 한국 남성 평론가는 자신만만하게 "만장일치로 홍상수를 꼽는다"고 답했다. 카이에가 이를 당연하다는 듯 받아들인 것은 물론이다. 하지만 나는 당황했다. 그리고 질문하지 않을 수 없었다. "만장일치의 그 평단"은 도대체 누구인가?

이는 홍상수 자체에 대한 질문이었다기보다는, 홍상수라는 이름이 만들어지는 과정에서 작동하는 커넥션에 대한 질문이었다. 마이크를 잡은 소수의 남성 평론가들, 그들과 소통하는 소수의 남성 해외 평단, 그렇게 세계 영화제에 소개되는 한국 남성 감독들, 그리하여 만들어진 홍상수라는 '위대한' 남성 감독의 이름. 나는 여전히 그 순간을 내가 최초로 목격한 영화계 남성 카르텔 형성의 원초적 풍경으로 기억한다. 누가 말할 수 있고, 무엇이 예술이 될 수 있는가는 정확하게 정치적인 문제다.

이런 경우도 있다. 대학에서 영화연출을 전공한 감독에게서 들은 이야기다. 여성이 살면서 겪는 어려움에 대해 그리고 싶어서 시나리오를 써갔더니 담당 교수가 합평을 하면서 "강간 장면을 넣는 것이 어떠냐?"고 말했다고 한다. 여성의 고통이란 강간당하는 그 순간으로밖에 재현되거나 은유될 수 없다고 상상하고, 영화제 등 입봉 시스템 안에서 주목받기 위해 '더 센 것'을 찍어내기를 가르치는 바로 이 수준이 한국 영화교육의 현주소는 아닌지 우려된다.

영화학도들은 그런 자들에게 교육받고, 그런 자들이 심사위원이거나 프로그래머인 어떤 영화제들을 경유해서, 그런 자들이 영화를 제작하는 영화판에 들어가, 스스로 그런 자가 되거나, 그런 자들이 생산한 담론의 장에서 자신의 영화에 대해 평가받는다. 누가 살아남을 것인가? 대답은 의외로 간단하다. 다른 시선, 다른 목소리, 다른 태도, 다른 이야기가 필요한 시점이다.

때마침 들려온 페미니스트 영화인 모임 '찍는 페미'의 결성 소식이 반가운 이유다. 초기 결성 멤버인 배우 김꽃비 씨는 한 인터뷰에서 '찍는 페미 프로덕션'을 만들어 새로운 영화를 찍고 싶다는 포부를 밝혔다. 견고한 영화제도에 균열을 내고 다양한 색을 덧붙이는 작업은 더욱 활발하게 이뤄져야 한다. '찍는 페미 프로덕션'이 실험에서 그치지 않고 변화 그 자체가 되기를 기대한다.

2017. 1. 24.

—— 2016년 10월 24일 오후 2시 38분. 수천 명의 여성들이 아이슬란드 거리로 뛰쳐나왔다. 남성에 비해 평균적으로 14~18퍼센트 적은 임금을 받는 것에 항의하기 위해서였다. 임금격차로 보자면 여성들은 매일 2시 38분 이후부터 공짜로 일하고 있다는 계산에 따른 것이다.

이어서 11월 7일 오후 4시 34분에는 프랑스 여성들이 손에서 일을 내려놓았다. 성별 임금격차 15.5퍼센트를 기준으로 봤을 때, 여성들은 이 날, 이 시간부터 연말까지 무급 노동을 하는 것이나 마찬가지라는 항변이었다. '이퀄 페이 데이Equal Pay Day'(동일임금의 날)로 불리는 이 시위는 같은 해 11월 10일 영국으로도 이어졌다.

이뿐만이 아니다. 호주의 한 대학의 여성 모임에서는 '페미니스트 주간'을 맞아 임금격차분을 반영하여 남성에게는 컵케이크를 더 비싸게 파는 행사를 진행하기도 했다.

이런 소식들을 접하며 우리는 왜 거리로 뛰쳐나가지 않을까 생각했다. 한국이야말로 성별 임금격차 38퍼센트, OECD 최고 수준을 자랑하는 국가 아닌가?

그런데 며칠 전, 3월 8일 여성의 날을 맞아 한국 여성 노동계에서 조기 퇴근 시위 "3시 STOP!" 캠페인을 준비하고 있다는 소식을 들었다. 주최 측에서는 집회와 행진을 예고했고, 거리에서 함께하지 못하는 여성들에게는 각자의 자리에서 "3시 알람 맞추기, 3시 되면 회의하다 멍 때리기, 괜히 탕비실 가기" 등 태업으로 동참할 것을 제안할 예정이다.

한국에서 남녀 성별 간 노동의 질과 조건의 차는 심각하다. 원인에 대한 분석은 분분한데, 크게는 다음 두 가지로 나뉜다. 첫째, 남녀 사이에 능력차가 존재한다는 것이다. 그러나 이는 대한민국의 유독 높은 임금격차를 충분히 설명하지 못한다. 둘째는 명백하게 성차별이 존재한다는 것이다. 사회학자 신광영은 한국 노동시장에서는 동일한 조건에서 여성의 임금이 남성에 비해 30퍼센트 정도 낮게 나타나며, 이 가운데 50퍼센트 이상이 차별의 산물이라고 설명한다.

남녀고용평등법이 제정되고 공적 영역에서의 여성의 입지가 강화되면서 직접적인 성차별은 많이 사라졌다고들 한다. 그러나 여전히 여성 노동은 남성 노동에 비해 보조적이고 부차적인 것으로 인식되고, 여성 노동의 결과가 상대적으로 낮은 대가를 받으며, 인사고과 불이익 등 남성 중심적인 노동 체계 안에서 발생하는 간접적인 차별은 별반 나아지지 않았다. 게다가 경력단절 등의 성별화된 문제는 전혀 시정되지 않았다.

한국의 노동정책은 이런 문제를 제대로 다루고 있지 못하다. 지금까지의 성[*]인지적 노동정책은 '여성노동 정책'으로 바로 치환되어 '여성'만을 대상으로 해왔다. 대표적인 것이 박근혜 정부의 "일·가정 양립정책"이었다. 이는 사적 영역인 '가정'과 공적 영역인 '일'을 명확하게 구분하고, 여성으로 하여금 둘 다 책임지기를 사회적으로 요구했다. 이는 결과적으로 불안정한 여성 일자리를 양산하고, 여성을 "과로사 권하는 사회"로 내몰았다. 한 가지도 인간적으로 수행하기 힘든 사회에서의 일·가정 양립은 죽으라는 말과 다르지 않다.

"3시 STOP!" 조기 퇴근 캠페인이 던지고자 하는 또 하나의 메시지가 여기에 있다. 노동시장에서의 남녀 차별은 공적 영역에서의 여성의 입지를 남성의 입지로까지 끌어올린다고 해서 해결되지 않는다. 이는 오히려 노동을 둘러싼 사회적 인식의 드라마틱한 패러다임 전환을 통해서야 가능해진다.

이제 노동에 대한 이해가 달라져야 한다. 매일 야근하고, 회식에 시달리며, 무한히 경쟁하는 것이야말로 '일'이라는 판타지는 깨져야 한다. 공과 사, 남성과 여성 등으로 나뉘어져 있는 분리의 벽을 깨고 노동 성격 전반을 바꿔내야 '사람'이 살 수 있는 사회가 될 것이다. 그러기 위해서는 남녀 노동자 모두에게 공히 적용되는 노동시간 단축이 반드시 필요하다. 대선 정국에서 공론화되기 시작한 '남성 육아 휴직'은 노동시간 단축의 한 예다. 우리는 저출산 패러다임의 외부에서 이 문제를 적극적으로

사유해야 한다. 여성 노동자의 문제를 해결하는 것이 결국, 노동
자 보편의 삶의 질을 바꾸는 데 기여하게 될 것이다.

2017. 2. 21.

── 2016년 5월 17일. 강남역 인근에서 한 여성이 살해당했다. 다른 이유는 없었다. 그저 여자였기 때문이었다. 사건이 알려지자 여성들은 강남역 10번 출구로 모여들었다. 색색의 포스트잇이 붙었다. 슬픔과 공포, 분노의 마음들이 그려졌고, 당신이 바로 나라는 고백, 잊지 않겠다는 다짐, 이 세계를 바꾸어나가겠다는 약속 등이 빼곡하게 적혔다. 무고한 죽음에 대한 애도가 변화에 대한 열망으로 번져갔던, 돌이킬 수 없는 '사건'의 시작이었다.

그로부터 1년이 흘렀다. 우리에게 그 1년은 어떤 시간이었을까?

무엇보다 한국사회가 페미니즘으로 요동쳤다. 2015년 온라인을 중심으로 들불처럼 일었던 페미니즘 운동이 드디어 거리로 나섰다. 다양한 단체들이 결성되었고, 담론은 확장되었으며, 페미니즘 시장 역시 형성되었다. 각성하기 시작한 페미니스트들은 촛불광장에도 참여했다. '페미존'이 만들어지고 다양한 깃발이 나부꼈다. "나라 바꾸는 계집, 호모, 가난뱅이, 페미"가 등장했다. 그야말로 "페미니즘이 민주주의를 완성한다"는 사실을 보여주는 시간들이었다.

그러나 한편으로는 현실로부터 비롯된 한계 역시 존재했다.

한 페미니스트가 '강남역 10번 출구'를 찾았을 때의 일이다. 그는 추모 공간에까지 찾아와 혐오 발화를 서슴치 않았던 한 남성과 격렬한 논쟁을 벌이고 있었다. 그때 누군가 손에 무언가를 쥐어주고 사라졌다. 그는 논쟁을 끝내고서야 그것이 무엇인지 확인할 수 있었다. 분홍색 마스크였다. 얼굴을 찍혀 신상이 털리거나 조리돌림 당하지 말라는 마음. 많은 여성들이 그 마음에 공감했을 것이다.

이것이 현실이다. 추모조차 안전하지 않은 곳이 바로 우리의 세계다. 그러나 여기에는 또 다른 현실이 있다. 우리가 지나치게 두려움에 휩싸여 있었다는 것. 이야말로 이야기되어야 할 또 하나의 문제다. 우리의 두려움이 과도하다는 말은 아니다. 그보다는 두려움이 사슬이 된다는 의미다. 얼굴을 가리는 것이 비겁하는 뜻은 더더욱 아니다. 그보다는, 어떻게 얼굴을 되찾을 것인가, 그리고 그것은 어떤 얼굴이어야 하는가에 대한 문제의식이다.

여성들의 공통의 경험, 그 기억이 일상적인 공포라는 사실은 우리의 운동을 절박하게 만들었다. 하지만 그것은 우리를 더욱 움츠러들게도 했다. 강력한 피해자 정체성을 바탕으로, 나를 숨어들게 만드는 두려움을 자양분으로 했던 움직임. 그 한계를 뛰어넘지 않으면 우리는 계속해서 그 자리에 머물 수밖에 없다. 그것이야말로 이 세계가 여자들에게 요구하는 자리다. 그리고 그것은 강력하게 '생물학적 여성'으로 한정지어진 자리이기도 하다.

그런 의미에서 '강남역 10번 출구'라는 추모의 시공간은 이중의 의미를 가진다. 성별에 대한 자각 없이 살았던 여성들이 자신의 정체성을 깨닫고 그에 가해지는 억압과 부조리와 싸우기 시작했다는 점에서 이는 혁명과도 같았다. 그러나 동시에 어떤 여성들에게는 또다시 두려움을 주입하여 스스로의 활동 반경을 줄이고 '생물학적 여성'이라는 획일화된 범주 안에 고착되게 했다는 점에서 반동적이었다.

이 딜레마를 어떻게 할 것인가? 강한 운동을 위해서는 확고한 정체성이 필요하지만, 동시에 그런 정체성이란 우리를 다시 그 자리에 가둔다. 그러므로 우리에겐 나의 현실을 조건 짓고 있는 정체성을 중심으로 운동을 추동해가면서, 동시에 장애인, 퀴어, 이주민 등과 같은 다양한 정체성들과 접속하여 그 경계를 넘는, 일종의 이중전략이 필요하다. "뿌리내리면서 이동하기rooting and shifting". 이는 '나'의 문제를 기반으로 '너'의 이야기를 들을 때 가능해진다. 이는 또한 나를 온전히 드러내야 한다는 점에서, 그리고 스스로를 드러낸 타자와 대면해야 한다는 점에서, 용기를 필요로 하는 일이다. 이것이야말로 사회가 허락한 자리를 '발본적'으로 깨치고 나온다는 의미에서 '급진'이다.

"우리의 두려움은 용기가 되어 돌아왔다." 범페미네트워크가 주최하는 1주기 추모제의 제목은 그래서 더 의미 있게 다가온다. 앞으로의 1년은 용기로 채워진 시간들이기를 바란다.

2017. 5. 16.

──── 아주 어렸을 때부터 결혼 생각이 없었다. '비혼주의'라는 말을 모를 때부터 이미 비혼주의자였던 셈이다.

시작은 어린 소녀들이 흔히 느낄 법한 '성관계에 대한 막연한 혐오' 때문이었다. 하지만 나이를 먹으면서 이유는 조금씩 달라졌다. 좋아하는 사람을 놓고 마음이 갈대처럼 변하던 10대 후반에는 "한 남자랑 어떻게 평생을 살아"라는 마음이었고, 20대 중반에는 여성에게 유독 불리한 결혼제도에 들어가는 것 자체가 싫었다. 20대 후반이 되어서는 "동성결혼이 합법화되지 않는다면 결혼하지 않겠다"고 결심했다. 인류 문명 대대로 마치 '자연'인 것처럼 군림하는 문화가 동등한 시민을 차별하는 제도로 기능한다면 응당 반대해야 한다고 생각했던 것이다. 그렇게 구실은 계속 바뀌었지만 비혼 결심만은 변하지 않았다.

고등학교 때였다. 나의 비혼주의를 믿지 않았던 죽마고우가 "웃기지 마라. 네가 결혼을 안 할 리가 없다. 내기하자"고 도발(!)해 왔다. 나는 스스로에게 확신이 있었으므로 흔쾌히 그에 응했다. 내기의 내용은 이랬다. "손희정이 마흔이 될 때까지 미혼이라면, 내가 세계여행을 시켜준다."

그리고 2017년. 나는 드디어 만으로 마흔이 되었다. 여전히 미혼이며, 결혼을 시도해본 적 역시 전혀 없다. 내기에 이긴 것이다.

하지만 그가 내기 약속을 지킬 것이라고 생각하진 않았다. 누구나 어렸을 때 실없는 내기를 하고 나이 들면 잊어버리기 마련이다. 그러나 '법조인'으로 성장한 나의 친구는 서류 한 장 남기지 않은 그 약속을 지키겠다고 나섰다. 다만 내기의 내용은 살짝 변경됐다. 세계여행은 너무 과하므로, 같이 여행을 가게 되면 항공권을 끊어주겠노라고. 그리하여 내년 2월에 우리는 싱가포르에 놀러간다.

나이 마흔에 맞이하는 전문직 비혼 여성의 삶은 꽤 재미있고 스펙터클하다. 하지만 사회 통념상 잘 포착되지 않는 존재이기 때문에 적잖이 불안한 것도 사실이다. 얼마 전 화제가 되었던 '영포티'와 '나비남'의 등장은 나의 주변부적인 위치를 잘 보여주는 현상이었다.

X세대 출신, 90년대 학번, 직장에서 중간 관리자의 자리에 올랐고, 이제 후배들을 위해 지갑을 열 수 있는 세련된 중년이라는 의미의 영포티. 이 말이 지시하는 남자들은 내 또래다. 한국 사회는 그 세대를 영포티라고 부르면서 높이 받들고, 심지어 드라마와 영화에서는 이들을 20대 여성들과 엮어주려고 안달이 났다. 하지만 함께 나이 들어온 여자인 나를 호명해주는 이름은

어디에도 없다. 유행이 지난 '골드미스'도 30대 여성을 지칭하는 것으로 내 또래는 열외다.

나는 국가가 그토록 싫어하는 "하향결혼을 하지 않아 국가 저출산을 초래한 고스펙 여성"이고, 그나마도 대한민국 출산 지도에도 포착되지 않는 나이인 탓에 내년부터는 아예 관심 밖으로 밀려난다. 그러므로 복지의 대상이 아닌 것은 물론이다. 농담처럼 하는 말이지만, '영포티'들은 40대까지 자유롭게 살다가 50대에 독거남이 되면 나라에서 '나비남'이라 부르며 그들을 위한 영화제도 개최하고 돌봄노동도 제공한다는데, 과연 나는 무엇이 될까? 결국 나에게 남겨진 선택지는 어떻게든 홀로 고군분투하며 생존하는 것인가?

그래서 성평등 개헌에 대해 생각하게 되었다. 이진옥 젠더정치연구소 대표에 따르면 성평등 개헌의 핵심 목표는 "대기업 정규직 남성 중심으로 짜여 있는 복지 체제에 편입되지 못해 국가로부터 마땅한 기본권을 받지 못하는 절대 다수 인구의 인권을 보장할 수 있도록 취약한 복지 기반을 확장하는 헌법적 토대"를 만드는 것이다.

그런데 기독교 우파에서는 이를 막아서고 나섰다. '성평등'이라는 용어가 '양성평등에 기초한 가족제도를 위협한다'는 이유에서다. 하지만 이는 국가가 책임져야 할 복지를 이성애 중심 핵가족에게 전가하겠다는 뜻 외에 다른 말이 아니다.

나는 양성평등 개헌이 아닌 성평등 개헌을 지지할 수밖에 없다. '일·가정 양립으로 과로하는 독거 포티'인 나에게는 자격 조건을 따지지 않고 국민으로서 응당히 누려야 할 기본권을 보장해줄 개헌이 필요하다.

2017. 11. 28.

──── "대한민국의 주권은 국민에게 있고, 모든 권력은 국민으로부터 나온다."

대한민국 헌법의 빛나는 명문이다. 이만큼 민주주의의 의미를 정확하게 규정하는 것도 없다. 그러나 이 땅의 현실은 법문을 따라가지 못한다. 이 둘 사이의 간극을 좁히기 위한 투쟁의 역사가 바로 대한민국 민주주의의 역사다.

민주주의는 과정이다. 이를 협의로 구현하고 있는 대의제 민주주의조차도 지난한 변태와 확장의 과정을 달려오고 있다. 1987년 직선제 쟁취 이후 30년. 대한민국 국민은 스스로의 손으로 선출했던 무능한 지도자를 광장의 정치를 통해 다시 끌어내렸다. 역사에 한 획을 그었지만 여전히 정치는 엉망진창이다. 얼마나 더 가야 하는 것인지, 아득하고 또 숨이 가쁘다.

그러나 달려갈 곳이 있다는 이 숨가쁨이야말로 민주주의의 가장 아름다운 부분이다. 세계 어디에서도 단 한 번도 완성되지 않았고 앞으로도 완성되지 않을, 가능성 그 자체로서의 정치를 상상하게 한다는 점에서 민주주의는 위대하다.

한편으로 정치에 참여하는 주권자의 의미가 확정되지 않았다는 점에서도 민주주의는 과정이라 할 만하다. 대의제 민주주의 초창기 '1인 1표'의 원칙에서 그 '1인'은 재산을 가지고 있는 부르주아 백인 남성에 국한되어 있었다. 주권재민의 원칙을 실천할 수 있는 국민의 의미가 계급과 인종, 성별에 의해 제한되어 있었다는 말이다. 인간으로서 마땅히 누려야 할 권리가 그들에게 국한되어 있다는 의미에서 오직 그들만이 '인간'일 수 있었던 시절이었다.

가장 협소하게 민주주의가 실천되던 시대에 목숨을 건 치열한 투쟁을 통해서 그 '인간'의 경계를 확장시켜온 것이 노동자 투쟁, 페미니즘, 흑인민권운동, 그리고 제3세계의 독립운동 등이었다. 이처럼 민주주의가 과정이라는 것을 확인시켜주는 역사 굽이굽이마다의 사건을 우리는 '혁명'이라고 부른다.

세월호 4주기를 맞이하는 2018년 4월 16일의 아침. 또 하나의 혁명이 이 땅에서 진행되고 있다. 나이라는 허구적 기준을 철폐하려는 싸움이 시작된 것이다.

2018년 3월 22일, 국회 앞. 청소년들이 18세 선거권 보장을 주장하면서 삭발 기자회견을 열고 천막 농성을 시작했다. 기자회견에서 청소년들은 "참정권이 없다는 것은 단순히 정치뿐만 아니라 일터, 학교, 가정 등 모든 사회 구성에서 배제되고 있다는 것을 의미하며, 나중이 아닌 지금 당장 존중받고 독립된 인격체로 살아가기 위해 참정권을 요구한다"고 밝혔다.

이 싸움의 의미를 세월호 4주기와 연결하여 함께 생각해 보자고 요청하는 것은, 사회의 주체적인 구성원이 아니라 보호의 대상으로만 존재할 때 청소년들이 역설적으로 계속해서 열악한 삶의 조건과 위험으로 내몰리기 때문이다.

우리는 '위험사회'를 살고 있다. 울리히 벡에 따르면 현대인은 문명이 초래하는 위험을 전혀 통제할 수 없게 되었다. 후쿠시마 원전 사태와 같은 인재는 위험사회의 현실을 보여준다. 더 큰 문제는 이런 사회에서 위험은 평등하게 닥쳐오지 않는다는 것이다. 위험은 권력과 자원이 분배되는 위계와 질서에 따라 분배된다. 한국사회의 대형 참사에서 유독 10대에서 20대 초반에 이르는 피해자가 많은 이유를 숙고하게 되는 이유다. 우리는 다시 한 번 평등하지 않다면 안전하지 않다는 사실을 확인한다. 안전은 동등한 시민권의 다른 말이기도 한 셈이다.

청소년 참정권은 청소년들이 이 사회에서 평등을 누릴 수 있는 정치적 조건 중 하나다. 물론 역사적으로 참정권 운동이 보여주었던 것처럼 동등한 권리의 획득만으로 갑자기 청소년의 사회적 지위가 올라가지는 않을 것이다. 여성들은 100년 전에 참정권을 쟁취했지만 여전히 안전하지 않다. 그러나 대의제 민주주의가 지배하고 있는 세계에서 동등한 권리의 획득은 그 과정 자체로 이미 의미가 있다.

청소년 참정권이라는 혁명이 하나의 결실을 맺을 때, 우리는 또 한 번 민주주의가 힘겹게 스스로의 경계를 밀어내고 조금 더 커진 세상을 만나게 될 것이다. 그렇게 확장된 민주주의가 당사자뿐만 아니라 비청소년들에게도 더 넓은 세계를 열어주리라 믿는다.

2018. 4. 17.

후기

2019년 12월 27일 국회 본회의에서 만 19세인 선거권을 만 18세에까지 확대하는 공직선거법 개정안이 처리되었다.

── 지난 11월 3일. 학생의 날을 맞이하여 교사들의 교내 권력형 성폭력에 대한 해결 및 예방책 마련을 촉구하는 '스쿨미투' 집회가 열렸다. 이 집회에서 청소년 페미니스트들은 "여학생을 위한 학교는 없다"고 외쳤다.

2015년 이후 대중 페미니즘 운동은 대체로 익명의 청년 여성을 중심으로 하는 소비자운동의 형태였다. 얼굴과 이름을 내놓고 자신의 정치적 의견을 표현했을 때 여성들에게 돌아온 것은 해고와 2차 가해, 무고죄 고발, 그리고 조리돌림이었으므로 이는 어쩌면 필연적인 일이었다.

그러나 '#미투'에 이르러 여성들은 자신의 얼굴과 이름을 내걸고 싸우기 시작했다. '#스쿨미투'도 마찬가지다. 교사의 권력형 성폭력을 고발한 이후 학생들은 진학과 취업 등을 빌미로 2차 가해를 당해왔다. 그들의 싸움은 이런 현실적 위협을 감수하고 있다. 그만큼 절박하기 때문이다.

이런 와중에 페미니즘을 그저 '배부른 투정'이라고 생각하는 기성세대들은 도대체 무엇을 하고 있나. 지금까지는 들리지 않았던 목소리를 내고 있는 젊은 여성들을 그저 낯선 존재로 두려워하고 있는 것은 아닌가.

지역의 진보단체에 강의를 하러 갔을 때의 일이다. 강의가 끝나고 한 여성분이 다가와 말을 걸었다. 중학생 딸이 최근 혜화역에서 열렸던 시위에 참여하기 위해 서울에 다녀왔다는 것이었다. 딸의 정치적 행동을 존중하는 어머니로서 그 서울행을 막지는 않았지만, 시위 다음 날부터 그분이 즐겨듣는 뉴스 방송이 혜화역 시위를 신랄하게 비판하면서 걱정은 심해졌다.

디지털 성범죄 편파 수사에 대항하는 여성들의 집회에 대해 한 번도 제대로 다루지 않았던 그 방송은 3차 시위 직후 3일 연속 진행자의 오프닝 멘트에서 혜화역 시위에 대해 언급했다. "문재인 재기해"라는 구호를 비롯하여 진행자 자신이 워마드 사이트에서 관찰한 몇 가지 정황을 바탕으로 극우 단체가 혜화역 시위에 개입되어 있다는 '합리적 의심'을 토로했던 것이다.

깜짝 놀란 그분은 딸에게 방송을 들어보라고 권했지만, 딸은 말을 듣지 않았다. 이 과정에서 모녀 사이의 갈등이 심해진 것은 말할 것도 없었다. 가슴이 답답하던 와중에 우연히 페미니즘 강의를 듣게 되었다는 이야기였다. 그분은 마지막으로 이렇게 덧붙였다. "강의를 들어보니 딸이 잘못하고 있는 것이 아닐 수도 있겠다는 생각이 든다."

최근 갑질 폭력의 최고치를 갱신하면서 연일 충격을 주고 있는 '한국미래기술'의 양진호 회장은 디지털 성범죄와 전쟁을 벌여온 청년 여성들이 끊임없이 지적했던 웹하드 카르텔의 중심에 있는 자였다. 그는 웹하드 '위디스크'와 '파일노리'의 실소유주로 '몰카 헤비 업로더'들을 조직적으로 관리하여 돈을 벌었고, 디지털 장의업까지 손을 대고 있었다. 디지털 성범죄물을 올려서 돈을 벌고, 지워주면서 또 돈을 벌었다는 말이다. 그렇게 번 돈이 1,000억이다. 갑질을 할 수 있는 위력은 그렇게 번 돈으로부터 나왔다.

지난 7월 SBS 〈그것이 알고 싶다〉가 이 내용을 방송한 후에도 한국사회는 침묵했다. 찍은 사람, 올린 사람, 받아 본 사람, 그렇게 번 돈을 나눠 먹은 사람, 모두가 공범이기 때문일 터다. 지금 여당에서도 '갑질 폭력'만 언급할 뿐 디지털 성범죄에 대해서는 입을 다물고 있다. 디지털 성범죄물로 벌어들인 돈이 도대체 어디까지 흘러들어간 것일까? '합리적 의심'을 하지 않을 수 없다.

여성으로서 겪어야 했던 폭력과 차별에 맞서 싸우고 자신의 권리에 대해서 말하는 청년 여성들에 대해 기성세대는 너무 쉽게 겁을 먹는다. 어쩌면 그들이 적폐청산의 핵심을 찌르고 있기 때문일지도 모르겠다. 양진호 사건이 상징적으로 보여주듯이 성⬚적폐야말로 한국사회 적폐의 설정값이다. 디지털 성범죄는 그대로 두면서 갑질만 해결할 수는 없다. 그 갑질은 여성에 대한 성적 착취를 통해, 그렇게 여성의 존엄을 가볍게 여겨온 문화를 통해 가능해지는 것이니까.

그렇다면 우리가 겁을 먹어야 할 것은 청년 여성들의 날 것의 언어가 아니라, 자신들의 성적폐 카르텔을 가려온 그들의 세련된 언어일지도 모르겠다.

2018. 11. 6.

─── "지옥이 꽉 차는 날, 죽은 자들이 땅 위를 걷게 될 것이다."

좀비 영화 고전인 〈시체들의 새벽〉(1978)의 홍보문구다. 줄줄이 판결을 기다리고 있는 법조계 '#미투' 가해자 안태근, 연극계 '#미투' 가해자 이윤택, 그리고 충남도 전 지사 안희정 등을 보다가 문득 떠오른 말이다. 강간범들이 이미 지옥을 꽉 채우고 있어서, 저들이 지옥에도 못 가고 여기서 떠도는 건가 싶었다.

2018년은 서지현 검사의 '#미투'와 함께 시작했다. 이는 2019년 체육계 '#미투'로 이어지고 있다. 지난 1년 동안 한국사회에는 어떤 변화가 있었을까? 성폭력을 방조하는 구조는 사뭇 강고하고, 가해자들은 여전히 반성을 모르며, 그들을 처벌할 법적이고 문화적인 토대는 아직 미미하다.

사정이 이러한데도 한 언론은 "미투 피로감"을 들먹이며 마치 성폭력 가해자와 '미투 구경꾼들'이 피해를 입고 있는 것처럼 호도한다. 하지만 피로감이란 오히려 이 "강간의 왕국"과 싸우는 사람들이 느끼는 것이다. "미투 피로감"이 아니라 "강간 문화 피로감"이라고 부르는 것이 더 온당하다.

"미투 피로감"이란 사실 좀비 영화를 보는 관객들이 느끼는 하찮은 감정 같은 것이다. 당신도 좀비물을 보다가 "피곤하게 뭐 저렇게까지 열심히 버티나, 그냥 좀비가 되어버리면 간단할 텐데" 싶었던 적이 있지 않은가. 미투 피로감을 말하는 사람들이 성폭력에 대해 가지고 있는 태도와 거리감은 딱 저 정도일 뿐이다. 그들을 구경꾼이라 부르는 이유다.

'#미투'는 이 지옥도에서 도저히 좀비가 될 수 없는 인간의 싸움이다. 그들은 좀비의 민낯을 보고 썩는 냄새를 맡으면서도 그 괴로운 시간을 버티기로 결심한 사람들이다. 그리고 '인간의 이야기'는 그렇게 싸우는 사람들 덕분에 계속된다.

그러고 보니 1년 전과 달라진 게 있다. 싸우고자 하는 사람들이 많아지고 있다는 것. 피해자들은 더욱 용감해졌고, 그를 지원하는 동료들은 점점 늘어나고 있으며, 그 싸움을 지지하는 시민의 범위 역시 넓어지고 있다. 우리는 스포츠계 '#미투'를 보면서 그런 변화를 읽어낼 수 있다. 그리고 그 토대는 앞서 "나도 말하겠다"면서 침묵을 깬 사람들 덕분에 쌓여왔다.

그렇다면 이 좀비 아포칼립스를 어떻게 끝낼 수 있을까? 한국 반성폭력운동이 집중하고 있는 과제 중 하나는 성범죄 수사 및 처벌 과정에서 여전히 강력한 힘을 발휘하고 있는 '최협의설'을 타파하는 것이다.

형법상 강간·추행이 인정되려면 피해자가 가해자로부터 폭행과 협박을 당하고, 그것이 '현저히 저항이 곤란한 정도'여야 하며, 적극적으로 저항했다는 증거가 있어야 한다는 것이 현재 한국 법조계의 일반적 해석이다. 폭행 협박을 최대한 협소하게 해석한다는 의미에서 '강간죄에서 폭행 협박에 대한 최협의설' 이라고 한다.

안희정의 경우 일반 강간죄(형법 제297조)가 아닌 위력에 의한 간음죄(형법 제303조)로 기소되었음에도, 1심 재판부는 "위력이 행사되었는가"를 판단하는 과정에서 명시적인 위협이 있었는지 여부를 따졌다. 위력의 의미가 최협의설의 영향 아래에서 해석된 것이다. 따라서 다가오는 2월 1일 안희정 항소심 선고 내용은 최협의설과 관련해서도 중요한 의미를 가지게 되었다. 위력에 의한 간음죄에서조차 피해자가 저항 여부를 증명해야 한다면, 한국의 법조계는 '#미투'로부터 아무런 교훈을 얻을 수 없게 된다.

안희정 사건 항소심 재판부는 유죄 선고를 통해 최협의설에 치우친 성폭력 판단을 극복하는 판례를 남겨야 한다. 그리고 이 새로운 판결이 가이드가 되어 "명백한 동의가 없다면 그것은 강간"이라는 "Yes Means Yes 룰"을 바탕으로 하는 '비동의 강간 추행죄' 신설로 나아가야 한다. 판례야말로 세상을 바꾸는 단초가 될 수 있다.

2019. 1. 22.

후기

2019년 9월 9일 대법원도 안희정 전 지사에게 징역 3년 6개월을 확정했다. '평범한 노동자' 김지은 씨의 용기에 감사드린다.

—— 눈부시게 쏟아지는 조명과 광활한 축구장을 가득 채운 함성. 뜨거운 공기 속을 유영하는 카메라는 출전을 앞두고 있는 선수들을 비추고, 그들 사이로 잔뜩 긴장한 플레이어 에스코트의 얼굴이 보인다. 경기장까지 선수를 배웅한 에스코트는 경기가 시작되기 전 몸을 돌려 빠져나오려 한다. 그때, 그의 손을 끌어당기며 11번 선수가 말한다. "아직 안 끝났어." 이때부터 한 소녀의 FIFA 월드컵 모험이 시작된다.

지난 7월 8일 폐막한 2019년 프랑스 여자 월드컵을 기념해 나이키가 내놓은 광고 "그 이상을 꿈꿔라Dream Further"의 내용이다. 여기에 등장한 10대 축구선수 마케나 쿡은 구릿빛 피부를 빛내며 날렵하게 몸을 움직이는 에스코트 역을 훌륭하게 소화했다.

광고는 축구 꿈나무가 이름 있는 선수들, 그리고 심판들과 함께 그라운드를 누비며 성장하는 이야기를 담고 있다. 이는 쿡의 짧은 환상이었던 것으로 마무리되지만, 지금 그라운드를 뛰는 선배의 모습이 이후 후배의 커리어를 견인하는 힘이 될 것임을 분명하게 보여준다. 광고의 끝에 쿡은 자신이 에스코트하는 선수에게 자신감이 묻어나는 목소리로 묻는다. "준비됐죠?!"

"너 자신이 되어라"거나 "당신의 가능성을 믿는다"라던 나이키는 이제 세대를 이어가며 쌓이는 여자들의 역사를 말하기 시작했다. 과연 '나이키 페미니즘'이라는 이름이 무색하지 않다. 하지만 현실의 나이키는 성차별적인 스폰서 정책과 고용차별로 문제가 되고 있다.

2019년 5월, 미국 육상 선수인 앨리슨 펠릭스를 비롯한 세 명의 선수는 임신 때문에 나이키로부터 계약상 불이익을 당했다고 밝혔다. 펠릭스는 이렇게 말한다. "임신은 프로 선수의 경력 중 일부가 될 수 있고, 또 그래야 한다. 이를 위해 싸우지 않아도 되는 날을 꿈꾼다." 출산 후 경기 결과가 아직 나오지도 않았음에도 불구하고 미리 후원금을 삭감하는 것은 편견에 따른 차별이다.

한편, 미국에서는 나이키에 대한 소송이 진행 중이다. 고발자들에 따르면 나이키는 동일임금법을 위반하고, 직장 내 성희롱 문제를 제대로 해결하지 않았다. 가해자를 승진시키고 피해자로 하여금 가해자의 관리를 받게 했다는 것이다. "우리는 무엇보다 여성의 지위와 평등에 가치를 두고 있다"는 나이키의 광고 메시지와는 사뭇 다른 결정들이다.

하지만 이게 다가 아니다. 나이키는 기본적으로 가부장제적 성별분업에 기대고 있는 기업이다. 여성학자 신시아 인로는 나이키가 여성이 경제적으로 가장 소외된 나라를 아웃소싱 국가로 선호한다고 지적했다. 나이키는 여성의 입지가 취약한 나라에 스웻숍 (열악한 환경에서 저임금을 받으면서 노동하는 작업장)을 세우고 이를 이용해 노동력을 착취했다.

인로에 따르면 과거 한국에 나이키 스웻숍이 들어섰던 이유는 두 가지였다. 첫째, 군부독재가 노동조합을 억압하는 데 열심이었고, 둘째 "열심히 일해 가족을 부양하는 것"이 '여성의 도덕'으로 여겨지는 문화 덕분에 여성 노동자를 쉽게 부릴 수 있었다는 것이다.

이후 이런 착취 산업은 상황이 더 안 좋은 나라들로 자리를 옮겼다. 한국 여성 노동자의 목소리가 커지기 시작한 후였다. 이런 이동이 일어나던 1980년대 말에서 1990년대 중반은 나이키가 친-여성적 이미지를 만들기 시작한 시기와 맞물린다. 아시아 지역 스웻숍에 대한 비판이 나이키의 이미지를 잠식하던 시점이었던 셈이다.

나이키 페미니즘은 선한 영향력을 발휘하고 있다. 광고의 상상력은 여성뿐만 아니라 소외된 사람들의 가능성을 해방시키고 그 운신의 폭을 넓힐 것이다. 하지만 기업이 여성의 노동자로서의 지위와 삶은 뭉개면서 그의 지갑만을 찬양할 때, 여성은 "부당한 대우와 착취-시발비용 탕진-부당한 대우와 착취"와 같은 악순환의 고리에 갇힐지도 모른다. 물론 나이키 운동화 한 켤레 값에도 못 미치는 월급을 받으며 착취당하는 스웻숍 노동자의 현실은 말할 것도 없고 말이다.

우리가 소비자로서뿐만 아니라 노동자로서 말하고 움직일 때에야 비로소, 나이키 페미니즘을 발판으로 현실을 넘어설 수 있지 않을까.

2019. 7. 16.

── 동일본 대참사로부터 5년이 흘렀고, 한 달 후면 세월호 참사 2주기가 돌아온다. 우리는 여전히 재난의 영향 아래 살고 있다. 하지만 모두가 재난과 그 영향을 같은 방식으로 경험하는 것 같지는 않다. "재난은 평등하게 닥쳐온다"고들 하지만, 정말 그럴까?

영화 〈2012〉(2009)는 인류를 집어삼킬 자연재해에 대비해 21세기형 노아의 방주가 만들어진다는 이야기다. 그런데 이 방주에 올라탈 수 있는 자들은 정보를 독점한 권력층과 소수의 엘리트, 그리고 방주 제작에 투자한 '세계적 갑부'들이다. 영화는 범작이지만 그 상상력만큼은 예리하다. 실제로 우리는 재난 앞에서 평등하지 않다. 돈과 힘을 가진 자에게는 비교적 안전한 삶이, 그렇지 않은 자에게는 더 많은 위험에 노출된 삶이 따라붙는다. 이는 닥쳐올 위험과 희생을 충분히 예측할 수 있으면서도 그것을 감수해버리는 이 세계의 속성을 잘 보여준다. 철학자 다카하시 데쓰야는 이를 '희생의 시스템'이라고 말한다.

희생의 시스템에서는 누군가의 이익이 다른 누군가의 "생활(생명, 건강, 일상, 재산, 존엄, 희망 등)을 희생"시키면서 만들어지고 유지된다. 원자력 발전은 이 시스템의 섬뜩한 예다. 후쿠시마 원전 폭발이 보여주는 것처럼 원전이 건설되는 지역은 '핵폭탄'을 떠안은 것이나 마찬가지다. 핵마피아, 발전주의를 지속시키려는 국가, 그리고 전기의 편리함을 누리는 도시인이 이 시스템의 수혜자들이다. 후쿠시마의 사람과 동물, 그리고 자연은 그 희생양이 된다.

물론 누군가는 질문할 것이다. 후쿠시마도 원전 유치로 경제적 이익을 얻지 않았는가? 하지만 자본과 인력이 대도시로 몰려들었던 근대화 과정에서 후쿠시마는 소외된 지역이었다. 그런 후쿠시마에게 다른 선택지가 있었을까? 이는 한국에서도 마찬가지다. 원전 및 핵폐기물 처리장 유치를 두고 지역주민들 간에 분란이 생기는 것은 '위험한 사업'이 '발전의 계기'가 될 수 있기 때문이다. 그러나 월성 1호기 주변의 피폭 피해가 날로 증가하고 있듯, 이는 생명을 담보로 하는 지속 불가능한 개발에 불과하다. 희생의 시스템은 강요된 환상을 통해 유지된다.

결국 원전이 폭발했을 때 시스템은 아무런 책임도 지지 못했다. 삶의 기반을 버리고 온갖 비용을 감당하면서 피난을 떠날 것인가, 아니면 피폭의 두려움 속에서 삶의 터전을 지킬 것인가. 선택은 오롯이 개인의 몫이 되었다. 이뿐만 아니라 후쿠시마 사람들은 '원자력 폐기물' 취급을 당했다. (다카하시가 《희생의 시스템》에서 예로 들고 있는 "후쿠시마 현민들은 어디에다 버리지?"라는 인터넷 댓

글은 인상적이다.) 이렇게 일본인은 혐오와 차별을 통해 후쿠시마와 자신을 분리함으로써 원전 자체의 위험으로부터 눈을 돌렸다. 한국인이 세월호 유가족을 타자화함으로써 세월호 참사를 서둘러 잊으려는 '외면의 체계'를 형성한 것과 마찬가지다.

그러나 희생된 것은 후쿠시마만은 아니었다. 노동자 역시 그랬다. 원전 폭발 직후 현장을 지킨 것은 노동자였고, 그중에는 심각한 피폭으로 사망한 이도 있다. 여전히 방사능이 유출되고 있는 원전에서 근무하는 노동자는 하루 약 7,000명이고, 지역 재건에 투입되는 제염 노동자는 하루 3~4만 명에 달한다고 한다. 노동자들이 생명을 담보로 참사의 뒷감당을 하고 있을 때, 일본 정부와 도쿄 전력 책임자 중 처벌을 받은 사람은 단 한 명도 없다. 2020년 동경올림픽 개최를 향해 달려가는 상황에서 진상 규명은 물론 요원하다. 희생의 시스템은 문제를 현실적으로 해결하기보다는, 노동자들을 '후쿠시마 50인' 등의 이름으로 부르며 영웅시하고 그 노동을 '귀중한 희생'으로 미화하면서 또 다른 희생에 기대려 할 뿐이다. 위험한 노동을 선택할 수밖에 없는 노동자들의 삶의 조건을 생각하면 '탈핵'은 정확하게 계급과 노동의 문제이다.

이처럼 위험이 분배되는 세계에선 '안전'의 의미도 배타적으로 구성된다. 다큐멘터리 〈피난하지 못하는 사람들〉(2012)에 따르면 대지진 당시 지역 장애인 중 2퍼센트가 사망했다. 비장애인 사망비율의 두 배에 달하는 숫자다. 안전에서의 장애인 배제와 차별은 원전 폭발 후에도 계속됐다. 정부는 "피난하라"고 지시했지만, 그 무책임한 알림은 장애인과 비장애인에게 같은 의미로 도달하지 않았다. 안전한 피난의 조건이 마련되지 않았기 때문에 많은 장애인과 그 가족은 비/자발적으로 피난을 포기할 수밖에 없었다. 한국사회의 대형 참사에서 10대에서 20대 초반에 이르는 피해자가 특히 많다는 것은 그런 의미에서 간과할 수 없다.

이렇게 재난은 참사가 된다. 재난을 막는 건 불가능하겠지만, 재난이 사람에 의해 참사가 되는 것은 막아야 하지 않을까. 그러기 위해서는 재난의 경험이 남긴 질문과 교훈에 성실하게 응답해야 할 것이다.

2016. 3. 16.

── 문재인 정권의 뜨거운 감자, 사드. 특히 국방부에서 '보안' 을 이유로 대통령 보고에서 사드 추가 반입에 대한 내용을 의도 적으로 누락하면서 사드는 이제 국방 개혁의 문제와도 연결되 고 있다. 이렇게 연일 화제가 되고 있지만, 이 군수용품이 한반 도를 살아가는 사람들에게 미칠 실질적인 영향에 대한 이야기 는 충분히 나오지 않았다. 언론과 전문가들은 이를 국방과 안보 의 관점에서만 다루고, 정치인들은 색깔론을 덧씌운 무의미한 논쟁을 계속하고 있을 뿐이다.

사드는 가상의 공간에 설치되는 것이 아니다. 그것은 물리 적인 공간을 점하고, 그 공간을 생활의 기반으로 삼고 있는 사람 들의 삶을 해친다. 지난 1년간, 경북 성주에서는 그렇게 삶을 위 협당한 사람들이 국가를 대상으로 지난한 싸움을 지속하고 있 다. 지금 극장에서 관객들과 만나고 있는 다큐멘터리 〈파란나비 효과〉(2017)는 그들의 목소리에 귀 기울였다.

날 때부터 살아온 고향이라서, 가족이 함께 살고 싶어서, 아이들 키우기 좋은 동네여서, 혹은 조용한 곳에서 노년을 편안하게 보내고 싶어서. 성주에 모여 사는 사람들에게는 각자의 이유가 있고, 그 이유란 다른 지역 사람들과 별반 다르지 않다. 그리고 그들은 "평생 1번만 찍으면서" 나라에 대한 별다른 불만 없이 살아온 사람들이었다. 그러던 어느 날, 생각지도 못했던 일이 벌어진다. 믿어 의심치 않았던 그 '1번'이 성주군민을 배신하기 시작한 것이다.

이 배반의 드라마는 단순히 사드 설치 부지를 아무 설명도 협의도 없이 기습적으로 선정한 것에 그치지 않았다. 사드 반대 투쟁이 지속되면서 '1번의 정치인'들은 성주군민을 "빨갱이"나 "미친년" 취급하면서 배제하고 무시했다. 성주군민들의 말처럼 "술 팔고 커피 팔아 세금 낼 때는 국민이고, 사드 반대하니 미친년이 되"는 것이다. 이것이 국가가 담론 정치를 통해 '복종하는 국민'을 만들어내는 방법일 터다. 결국 오래된 1번 지지자들은 이제 현수막으로 말한다. "나는 공산당이 싫어요. 이제는 새누리당도 싫어요"라고. 그리고 덧붙인다. 광주민중항쟁이나 세월호 참사에 무관심했던 나의 무지를 반성한다고.

사드 반대 투쟁은 사드에서 나오는 전자파가 아이들과 농사에 미칠 영향에 대한 염려에서부터 시작되었다. 하지만 운동은 점차 평화운동으로 그 성격이 전환된다. 기실 '북핵 억지력'이란 사드 배치를 위한 명분에 불과하다. 사드는 핵 자체를 막는 것이 아니라 핵미사일이 발포되었을 때 그것에 대응하는 것이기 때문이다. 사드 버튼이 눌렸다면, 그건 이미 전면전일 터다. 그런 의미에서 북핵을 방어하는 것은 어떤 무기 체계를 갖출 것인가의 문제가 아니다. 핵심은 오히려 전쟁을 예방하는 것, 즉 평화를 구축하는 것이다. "사드 대신 외교, 사드 대신 평화." 성주군민들이 외쳤던 구호는 이런 의미를 담고 있다.

물론 국가와 싸우는 것은 녹록하지 않다. 국가는 제3부지를 말하면서 성주군민들의 사이를 이간질하고, 공권력과 자본을 동원해 반대 시위를 방해한다. 그리고 투쟁의 기간이 길어질수록 사람들의 에너지 역시 떨어지기 시작한다. 그럼에도 불구하고 운동은 그 중심에 있는 여성들의 힘으로 더 단단해져간다. 〈파란나비효과〉는 사드 투쟁의 중심에 있었던 여성들의 얼굴, 무엇보다 '어머니의 얼굴'을 담아낸다.

하지만 다큐에서 '어머니의 얼굴'을 포착하는 것이 또다시 여성에게 모성을 덧씌우고 가족 중심주의로 돌아가자는 의도가 아님을 강조하는 것은 중요하다. 그것은 오히려 지금 국가가 어떻게 (록히드 마틴과 같은) 글로벌 자본과 결탁하여 사회적 안전망을 무너뜨리고 일상의 공간을 망가뜨리면서 우리의 삶을 해치는가의 문제와 맞닿아 있다. 이런 현실 속에서, 생활을 유지하는 물리적이고 감정적인 노동의 주체인 여성들이 '어머니'의 이름으로 떨치고 일어나는 것은 그저 '본능적인 모성' 때문이 아니다. 그것은 이미 주어진 삶의 조건으로부터 비롯된 아주 현실적이고 구체적인 생존의 문제인 것이다.

어머니의 자리에 있는 여성들은 사회가 부여한 역할과 위치 안에서 약한 자들을 배려하며 운동을 단단하게 만드는 마음을 체득한 사람들이다. 그렇기 때문에 "내 아이를 건드린다고?!"라는 마음에서 시작한 운동은 그 자리에만 머무르지 않는다. 용산에서, 밀양에서, 그리고 세월호에서. 여성들은 자신의 고통에서 운동을 시작하여 그 마음을 계속 확장시켰다. '어머니' 정체성으로부터 강한 힘을 얻되, 그 정체성에만 머무르지 않는다는 말이다. 그것은 성주에서도 마찬가지였다.

다큐의 정점에 등장하는 '인간띠 잇기' 행사는 그래서 상징적이다. 서로가 서로의 손을 잡고 서로의 마음을 느끼는 운동. 그렇게 투쟁은 점차로 다른 소수자와 국가폭력의 희생자에 대한 이해와 공감으로 이어진다. "우리는 연결될수록 더욱 강해진다." 다큐멘터리가 전하는 '파란나비효과'는 바로 여기에 있다. 더 많은 사람들이 〈파란나비효과〉를 보고 이 효과에 물들었으면 좋겠다.

2016. 7.

지난 19대 대선 기간 중 있었던 일이다. 한 대선 후보 토론회에서 자유한국당 홍준표 당시 후보가 더불어민주당 문재인 당시 후보에게 물었다. "군 동성애는 국방 전력을 약화시키는데, 어떻게 생각하십니까?" 이에 문 후보는 "예, 그렇게 생각합니다"라고 대답한다. 그러자 홍 후보는 "그래서 동성애에 반대하십니까?"라고 재차 물었고 문 후보는 "반대하지요"라고 확답했다.

당시는 대한민국 국군이 위헌 요소가 다분한 군형법 92조 6항에 따라 그저 동성애자라는 이유만으로 A 대위를 구속 수감한 상황이었다. 92조 6항은 "항문 성교나 그 밖의 추행을 한 사람은 2년 이하의 징역에 처한다"는 내용으로, 합의된 관계를 처벌할 뿐만 아니라 영외의 관계에까지 개입한다. 군은 데이팅 앱을 이용한 함정수사를 통해 A 대위를 체포했다.

이런 맥락이 있는 상황에서 등장한 "군대 내 동성애에 반대한다"는 말은 국가에 의한 부당한 억압을 인정한다는 의미에서 국민에 대한 차별 및 국가폭력을 승인하는 것이나 다름없는 일이었다. 문재인 대통령 당선 이후 A 대위는 실형을 선고받았다.

군대 위문 공연에는 소위 '2부'라는 것이 있다. 이성애자 남성들을 위한 성적 코드와 장치로 가득 찬 시간이다. 그리고 이는 군인의 사기진작을 위한 필수요소라고들 한다. 여기에는 남성은 무조건 이성애자이며, 그 성욕은 본능이자 어떤 식으로든 해소되어야 한다는 암묵적인 합의가 있다. 이성애자들의 성욕은 그렇게도 중요해서 국가가 나서서 여성의 '헐벗은 이미지'를 제공하는 반면, 동성애는 형법으로 다스리는 것은 왜일까?

그 이면에는 동성애혐오만큼이나 강한 여성혐오가 놓여 있다. "군력을 약화한다"는 말은 남성 간의 성관계가 남성을 '여성화한다'는 상상력을 바탕으로 하는 것이기 때문이다. 여성을 향한 성욕은 남성성의 상징이고, 남성을 향한 성욕은 범죄가 되는 상황. 이는 이성애 중심적일 뿐만 아니라 남성 중심적인 가부장제와 군사주의의 착종이 아니고서는 충분히 설명되지 않는다. 그리고 이런 태도야말로 여군에 대한 남군의 성폭력은 솜방망이 처벌로 넘어가는 이유가 된다.

한편으로 사문화되었던 군형법 92조 6항이 갑자기 법적 효력을 발동하게 된 맥락 역시 살펴봐야 한다. 이는 지난 10년 동안 한국사회가 보수화되면서 성 보수화 역시 진행되었던 것과 그 궤를 함께한다. 역사의 시계를 되돌리는 와중에 기독교 우파를 중심으로 본격화된 동성애에 대한 공격은 성 보수화를 견인했다.

우경화와 성적 보수화가 함께 가는 이유는 명백하다. 대한민국에서 聖스러운 존재인 '국민'이란 기실 性중립적인 존재가 아니라 性적인 존재이기 때문이다. '건강한 국가'를 오염시키는 '불온하고 더러운 것'은 남성 중심적이고 이성애 중심적인 기득권의 성 이데올로기를 바탕으로 구성된다. 그리하여 이성애자 군인은 나라를 지키는 聖스러운 국민이, 동성애자 군인은 군력을 위협하는 性스러운 범죄자가 된다. (올해 출간된 《'성'스러운 국민》이라는 책을 참고하시라.)

그렇게 홍준표 대표 역시 문재인 대통령에게 구닥다리 같은 '빨갱이' 프레임을 덧씌우고자 할 때 "동성애 찬성 여부"로 사상검증을 시도할 수 있었다. 몇 년 전 한 공영방송 이사가 입밖으로 냈던 "동성애는 더러운 좌파"라는 말은 홍 대표의 질문과 공명한다.

성적 영역 이외의 부분에서 진행되었던 '우클릭'은 이제 박근혜 정권 퇴진과 함께 잠시 주춤해졌다. 그리고 일종의 상징적인 보루로 성'적인 영역을 둘러싼 전면전이 시작된 것이다. 이 싸움에서 결국 누가 이길지는 자명하다. 왜냐하면 동성애자를 비롯한 성소수자들이 시민권을 얻고 평등을 쟁취하는 것이야말로 민주주의의 확장이기 때문이다.

2017년 7월 15일. 서울광장에서 "나중은 없다, 지금 우리가 바꾼다!"라는 캐치프레이즈 아래 제18회 퀴어문화축제가 열린다. 보수 기독교는 이미 '음란과 타락'을 내세우며 이에 대한 마타도어를 시작했다. '음란함'이란 딱지의 의미는 누가 규정하고,

언제 꺼내들며, 어떻게 사용하는가? 차별과 폭력을 정당화하는 견고한 구습을 타파하고 평등과 자유를 불러오는 것이 음란함이라면, 이번 주말, 광장에서 마음껏 음란하라. 그것은 타락이 아니라 진보임을, 닥쳐온 지옥이 아니라 새로운 민주주의의 장임을, 만끽하실 수 있을 것이다.

2017. 7. 11.

──── 엠마 왓슨의 〈미녀와 야수〉(2017)가 개봉했다. 책을 읽고, 질문을 던지는 여성이자, 자신의 삶을 적극적으로 개척하는 여성인 '벨'. 그는 대중문화로 스며들어간 페미니즘 제2물결의 영향 아래에서 1980년대 말 등장한 디즈니 2세대 공주였다. 물론 "진정한 미녀라면 짐승을 '인간'으로 만들어 결혼에 성공해야 한다"는 20세기 판본의 평강공주 스토리긴 했지만 말이다. 그런 캐릭터를 페미니스트 선언을 한 엠마 왓슨이 연기했다. 이는 '셀럽 페미니즘'의 가능성을 가늠해볼 수 있는 중요한 계기였다.

왓슨은 2014년 UN에서 'HeforShe' 연설을 했고, 그에 걸맞는 행보를 보여주고 있다. 이렇게 유명인이 페미니즘 운동의 아이콘이 되는 것을 '셀럽 페미니즘'이라고 한다. '동일노동 동일임금'을 말한 패트리샤 아퀘트의 2015년 아카데미 시상식 수상 소감, 여성영화를 만들기 위한 리즈 위더스푼의 영화사 설립, 세계여성공동행진에서의 애슐리 쥬드의 연설 등은 이런 셀럽 페미니즘의 대표적인 예로 언급된다.

다만 셀럽 페미니즘은 때때로 선언의 형태에 그치기도 해서, 이것이 과연 현실 운동으로 이어질 것인가에 대한 질문은 계속되었다. 특히 "나는 페미니스트다"라고 밝힌 왓슨의 차기작이 〈미녀와 야수〉임이 알려졌을 때, 많은 이들이 여성에 대한 정형을 생산해온 디즈니 작품에서 그가 얼마나 다른 모습을 보여줄 수 있을지 의심했다.

그럼에도 불구하고 여러 소식은 대중을 설레게 했다. 왓슨은 촬영 당시 "여성의 행동과 몸을 제한하는 코르셋은 벨의 캐릭터와 어울리지 않는다"며 코르셋 착용을 거부하고, 벨을 '과학자'로 그리자고 제안해 캐릭터 설정에도 기여한다. "벨이 만든 세탁기는 그로 하여금 책을 읽고 동네 여자아이에게 글을 가르칠 수 있는 시간을 만들어준다. 그러나 마을 사람들은 이 기계가 위험하다고 생각하고, 그것을 부숴버린다." 왓슨의 설명이다.

물론 안젤리나 졸리의 〈말레피센트〉(2014)가 기대를 부추긴 면도 있다. 디즈니는 소재 고갈을 극복하고 안전한 흥행을 위해 고전 애니메이션을 실사판으로 리메이크하기 시작했는데, 〈신데렐라〉(2015), 〈말레피센트〉, 〈정글북〉(2016) 등이 그 결과물이다. 그중 〈말레피센트〉는 〈잠자는 숲속의 미녀〉의 마녀를 주인공으로 만들고, 그에게 역사와 목소리를 부여함으로써 완전히 새로운 이야기를 선보였다. 여기서 디즈니는 이성애 관계에 매몰되어 있던 '공주'를 구해내 여성들 간의 관계를 탐구한다.

그렇다면 〈미녀와 야수〉는 어땠을까? 이 오래된 이야기를 재해석해서 21세기의 '소녀'들에게 다른 모델을 보여주고자 했던 왓슨의 의지는 높이 살 만하다. 무엇보다 '페미니스트 셀러브리티'로서 고군분투하는 왓슨의 삶이 벨과 겹쳐졌고, 그가 〈라라랜드〉(2016)가 아닌 〈미녀와 야수〉를 선택한 이유 역시 명백해 보였다. 하지만 이 작품을 페미니즘 영화로 평가하기에는 아쉬움이 남는다.

벨은 용감하고 따뜻하고 정의롭고 현명할 뿐만 아니라 과학을 이해하는 신여성이지만, 홀로 고고하고 특출하며 아름답다. 그리고 그렇게 벨을 빛나게 하기 위해 다른 여성들의 재현은 더욱 저열해진다. 그리하여 벨은 야수를 왕자로 변신시키는 마술을 행하지만, 그 외에는 아무것도 달라지지 않는다.

이처럼 영화 속에서 혼자서만 빛나는 벨/왓슨은 셀럽 페미니즘이 1인 영웅주의로 귀결될 때 벌어질 참담한 결과를 예시한다. 페미니즘은 나 홀로 돋보이라고 있는 것이 아니며, 만약 그런 일이 벌어진다면 그때의 페미니즘은 그저 액세서리에 머물 뿐이다. 페미니즘은 "나는 당신들과 다르다"라고 말하기 위한 것이라기보다는 '우리'를 발견하기 위한 것이어야 한다. 애니메이션에서는 마법의 성에서 일하는 이들의 동료애가 세밀하게 묘사되었던 반면, 실사판에서는 그들끼리의 커플링과 이성애 로맨스가 강조되고 있어 같은 의미에서 실망스럽다.

〈말레피센트〉에서 〈주토피아〉(2016), 그리고 〈모아나〉(2016)까지. 최근 디즈니의 작품세계는 계속 확장되고 있다. 그러나 〈미녀와 야수〉에서는 갑자기 1990년대로 회귀해버린 듯하다.

그럼에도 불구하고 여전히 이 작품이 중요한 것은 역시 왓슨의 행보 덕분일 터다. 왓슨의 다음 작품을 기다린다.

2017. 3. 21.

—— 1970년대 미국. 아프리카계 미국인 여성 소설가인 다나는 집에서 이삿짐을 정리하고 있다. 그러다 갑자기 휘청. 현기증을 느끼며 쓰러진다. 이어 눈을 뜬 곳은 1815년 메릴랜드 주의 숲속이다. 그곳에서 다나는 호수에 빠진 '백인 소년'을 구한 뒤 1970년대로 되돌아온다. SF 거장 옥타비아 버틀러의 대표작 《킨》은 이렇게 시작된다.

이후로 다나는 소년이 위험에 처할 때마다 1800년대로 끌려간다. 처음에는 몇 분, 그다음에는 몇 시간, 그다음에는 며칠, 그리고 또 그다음에는 수어 달. 그렇게 1800년대에 머무는 시간이 길어질수록 다나는 그 시대를 살아가는 '흑인 여자'로서의 생존술을 익히게 된다. 즉 노예로 생존하는 법을 점차 배우게 되는 것이다. 1970년대의 다나는 자유인이자 '엘리트 여성'이지만, 1800년대에는 글을 읽고 쓸 줄 아는 건방진, 따라서 다소 위험한 여자 노예일 뿐이다.

버틀러는 자신의 분신과도 같은 다나를 노예제가 가장 혹독했던 1800년대로 보내 그 시대를 경험하게 만든다. 그리고 이를 통해 미국에서 '흑인됨'이란 무엇인지, 그 역사성을 탐구한다. 하지만 버틀러가 이런 이야기를 쓴 데에는 또 다른 이유가 있었다. 그는 한 인터뷰에서 이렇게 말한다.

"어머니는 가정부 일을 하셨고, 나는 그녀가 하는 일에 대해 부끄러워하면서 어린 시절을 보냈다. 《킨》을 쓴 이유는 이런 기분을 풀기 위해서였다. 결국 나는 그녀가 한 일들 덕분에 먹고 살 수 있었기 때문이다. 이건 사람들이 그들의 부모가 삶을 빠르게 개선하지 못했다는 이유로 부모를 부끄러워하거나, 혹은 좀 더 맹렬하게 부모에게 화가 나 있었던 1960년대에 일어났던 일들에 대한 응답이기도 하다. 나는 오늘날의 사람들을 노예제 시대로 보내고 싶었다."

버틀러가 말하는 "1960년대에 일어났던 일"이란 미국에서 흑인민권운동이 꽃을 피웠던 시기, 민권운동가들이 노예의 삶을 살았던 윗세대에게 쉽게 격분하곤 했던 것을 의미한다. 어떤 민권운동가들은 '노예근성'을 버리지 못하는 부모세대를 진심으로 원망하고 저주했다.

버틀러에게 이런 태도는 맥락에 대한 이해와 공감이 없다는 의미에서 순진하고 안일한 것이며, 동시에 자기혐오라는 점에서 무기력한 것이기도 하다. 버틀러의 작품과 수치심의 관계를 탐구했던 프랜 미셸은 '수치스럽다'의 또 다른 표현인 '굴욕당한mortified'의 어원이 '죽음mort'임에 주목한다. 수치심을 안고 있는 자기혐오는 변화를 견인하기보다는 자기-파괴적이다.

버틀러에게 선조들은 어떤 식으로든 버텨낸 자들이었다. 《킨》은 다나가 어떻게 노예가 되어가는가, 그리고 다나가 구했던 '다른 백인들과는 조금은 다른 백인 소년'이 어떻게 '크게 다르지 않은 백인 노예주'로 성장하는가를 세밀하게 묘사한다. 인간의 '자유의지'란 개인을 구조에 종속시키는 조건 안에서 그렇게 간단하게 발휘되지 않음을 보여주는 것이다. 그러나 다나는 때로는 저항하고 때로는 교섭하면서 인간으로서 생존하기를 멈추지 않는다. 그것은 다나가 머무는 집의 다른 노예들도 마찬가지였다.

노예화된 자들은 자신에게 주어진 삶의 조건 안에서 그 시간을 살아냈고 (혹은 결국 죽거나 죽은 것이나 다름없이 살았고) 그렇게 버텼거나 버티지 못했던 시간들의 중첩 속에서 역사적인 투쟁들은 불타오를 수 있었다.

여성 BJ에 대한 살해 협박이 공공연하게 인터넷 방송을 타고, 강남역 여성살인 사건을 볼거리로 만드는 영화가 제작된다. 탁현민 경질을 말했다고 정현백 여가부 장관 경질 청원이 올라온다. 만만하지 않은 강도로 진행되는 페미니즘에 대한 반격을 보면서 버틀러의 교훈을 되새긴다.

여전히 우리는 각자의 맥락에서 각자의 '노예의 조건'을 산다. 그러나 우리의 발버둥이 아무리 하찮아 보이는 때조차 제자리걸음 중인 것은 아니다. 서로의 말에 귀를 기울이면서 함께 버텨야 한다. 버텨서 더 많은 목소리를 만들어내야 한다. 그러면 우리가 밀어낸 어떤 한계가 세상을 또 조금 바꾸어놓았다는 것을 발견하게 되지 않을까.

2017. 9. 5.

── 송강호, 최민식, 이병헌, 장동건, 김윤석, 현빈, 유해진, 송준기, 황정민, 소지섭, 조인성, 정우성, 류준열, 박서준, 강하늘, 한석규, 김래원, 이성민, 조진웅, 김성균, 정우, 이선균, 안재홍, 김명민, 변요한, 설경구, 임시완, 이정재, 여진구, 김수현, 손현주, 고수, 김주혁, 박성웅, 박희순, 이종석, 박해일, 김남길, 오달수, 김무열, 유재명, 정웅인, 신성록, 이경영, 이경영, 그리고 또 이경영.

2017년 스크린에서 만나볼 수 있었던 남자 배우 리스트다. 조만간 개봉할 영화들까지 생각한다면 여기에 유지태, 하정우, 차태현, 주지훈, 마동석, 윤계상, 배성우 등이 더 추가된다. 자, 그렇다면. 여자 배우는 몇 명이나 있었을까?

2000년 이후 한국영화에서 남성은 과대 재현되고 여성은 상징적으로 소멸되어온 지 어언 15년이 흘렀다. 그리고 올 한 해, 이 이상은 더 만들 수도 없겠다 싶을 만큼 비슷비슷한 남성영화들이 쏟아져 나왔다. "한국남자들이 서로 미워하고 질투하고 격렬한 연대를 하고 이상한 싸움을 하며 여자는 한 명 끼워줄까 말까 하는 영화 장르는?"이라는 질문에 "한국영화"라고 대답하는 농담이 소셜네트워크 서비스에서 화제가 되었을 정도다.

이런 와중에 놀라운 영화 한 편이 극장가를 찾아왔다. 〈아이 캔 스피크〉(2017)다. 영화는 일본군 '위안부'였던 나옥분 여사가 공무원 박민재에게 영어를 배워 미 하원 청문회에서 증언을 하게 되는 과정을 따라간다. '위안부' 피해자를 그저 피해의 자리에 기두지 않고 스스로 목소리를 낸 국제정치의 행위자로서 그린다는 점에서, 이 영화는 지금까지 한국사회에 소개된 대중 '위안부' 서사 중 가장 뛰어난 작품이라 할 만하다.

이뿐만 아니라 〈아이 캔 스피크〉는 진지할 수밖에 없는 이야기를 따뜻한 휴먼드라마와 유쾌한 코미디 속에 녹여내는 것에 성공했다. 그렇게 이 영화가 웃음과 눈물을 넘나들면서 대중성 안에서 묵직한 메시지를 전달할 수 있었던 것은 물론 나문희라는 위대한 배우 덕분이다.

그의 연기는 굳은살이 박인 연기다. 한 분야의 장인이 오랜 세월 기술을 갈고 닦다보면 내공이 발산되는 익숙한 길이 생기기 마련이다. 나문희의 연기는 그런 연기다. 그래서 그의 연기는 일견 익숙하다. 우리는 그의 목소리를 알고, 그가 입을 삐죽거리는 모습을 쉽게 그려볼 수 있으며, 그의 선한 눈이 아래로 처지면서 눈물을 머금을 때의 먹먹함을 기억한다.

하지만 그의 연기는 반복의 순간에도 이전의 연기와 전혀 똑같지 않다. 인물을 자기 자신으로 만들어버리기 때문이다. 나옥분 여사는 나문희이면서, 곁을 살피는 가슴 넓은 할머니이자,

역사 앞에 선 영웅이었다.

하지만 영화의 반짝거리는 순간은 카메라가 나문희에게 사로잡혀 깊은 호흡을 들이쉬는 그 시간에만 머물지 않는다. 이제훈이라는 특별함이 영화에 빛을 더하기 때문이다.

이제훈은 '코믹 휴먼드라마'라는 장르에 적절한 잘 계산된 연기로, 인이 박인 거장의 흐르는 듯한 연기를 안정적으로 뒷받침해낸다. 최근 15년간, 〈밀양〉(2007)의 송강호와 〈비밀은 없다〉(2016)의 김주혁 정도가 아니라면 여자 주연 배우와 이처럼 훌륭한 앙상블을 만들어낸 남자 배우를 찾기란 쉽지 않다. 모두가 잔뜩 부풀어오른 상태로 "나야 나"를 외치는 남성영화 최전성기에, 몸을 살짝 웅크릴 줄 아는 이제훈은 확실히 주목할 만한 배우다.

〈파수꾼〉(2011)에서 〈아이 캔 스피크〉에 이르기까지. 이제훈은 남자들만의 거친 세계에 집중해온 '한국형 필름느와르'에 출연하지 않은 것으로도 유명하다. 그런 그가 올해 내놓은 영화는 〈아이 캔 스피크〉와 식민지 조선의 아나키스트를 그린 〈박열〉이었다. 〈박열〉(2017) 역시 꽤 인상적인 여성 인물인 카네코 후미코(최희서)를 선보였다. 한국영화의 '영화적 다양성'을 두텁게 만들어온 명민한 배우의 다음 행보가 사뭇 궁금해진다.

긴 추석 연휴를 보내실 독자들께 극장행을 권한다. 어떤 위대함과 어떤 특별함을 만나보실 수 있을 것이다.

2017. 10. 3.

───── 연휴 기간에 말에 대한 영화 두 편을 보았다. 하나는 〈위대한 쇼맨〉(2017), 다른 하나는 〈패터슨〉(2016)이다.

〈위대한 쇼맨〉은 'PR(홍보)의 아버지'라고 불리는 P. T. 바넘의 일대기를 바탕으로 만들어진 뮤지컬 영화다. 빈털터리 소년에서 세계적인 흥행사로 성장하는 바넘이 갖가지 기지로 위기를 극복할 때마다 "사기꾼이잖아"라고 중얼거렸다. 그러나 그 사기의 기술이야말로 별 의미 없는 물건을 화려하고 특별한 상품으로 도약시키는 자본주의의 꽃이다. "지금 이 순간에도 속기 위해 태어나는 사람들이 있다." 바넘의 어록에 기록되어 있는 이 말은 의미심장하다. 영화 속 그의 화려한 언변은 많은 사람을 사로잡았다. 어떤 말이 빼어나게 아름답다면, 그건 어딘가에 거짓을 품고 있기 때문이다.

〈패터슨〉은 패터슨 시에서 버스를 몰면서 시를 쓰는 패터슨 씨에 대한 영화다. 패터슨의 말은 바넘의 말과 사뭇 다르다. 누구에게도 보여주지 않는 비밀 노트에 기록된 그의 말은 일상에서 길어 올린 느낌들 그 자체다. 성냥에 대한 관찰은 연인에 대한 사랑의 시로 이어지고, 그 사랑의 속삭임은 매일 지나치는 길모퉁이에서 만나는 또 다른 빗방울이 된다. 영원처럼 반복되는 시간들 속에서도 어제와 완전히 같은 오늘은 없다. 급박하게 흘러가는 세상의 속도에 휩쓸리지 않고 나만의 보폭으로 음미하는 세계의 인상은 매 순간 다를 것이기 때문이다. 한 편의 시를 하나의 우주라고 말하는 것은 이 영화에서만큼은 과장이 아니다.

주저하지 않고 매끄럽게 흘러나오는 바넘의 말과 노트 위에 족적을 남기는 펜의 움직임을 따라 머뭇머뭇 흘러가는 패터슨의 말. 그 말들 사이의 간극이 아무에게도 자신의 아름다움을 자랑하지 않는 말에 대해서 생각하게 한다. 여기저기에서 넘쳐나는 글들이 가장 현란하게 거짓을 꾸밀 수 있는 때이기에 더욱, 과시하지 않는 말의 진실함을 곱씹어보게 되는 것이다.

〈패터슨〉은 시란 문학 장르의 하나가 아니라 나와 타인과 세계를 만나는 태도를 일컫는 것임을 보여준다. 그리고 그 '시적인 것'의 의미에 대해 생각하도록 이끈다. 그래서 나는 묻지 않을 수 없었다. 미국의 패터슨 시[市]가 아닌 2018년 대한민국에서 살고 있는 우리에게 시적인 것이란 과연 무엇인가? "한국문학에 노벨상을 안겨주리라" 기대됐던 한 시인의 추태가 폭로되고, 그 폭로를 폄하하는 온갖 천박한 말들이 소위 '문인'들의 입에서 흘러나오는 여기에서 과연 시를 쓴다는 것은 무슨 의미란 말인가.

문학을 잘 모르는 나는 시에 대한 또 한 편의 영화를 떠올렸다. 이창동 감독의 〈시〉(2010)다. 영화는 간병 도우미 일을 하면서 외손자를 키우던 중 알츠하이머 진단을 받은 60대 중반의 미자가 한 편의 시를 쓰는 과정을 따라간다.

외손자가 친구들과 집단으로 강간한 소녀 희진이 자살했다는 사실을 안 미자는 외손자를 위해서라도 조용히 묻어두자는 주변 사람들의 설득을 뒤로한 채 이 사건을 경찰에 신고한다. 미자는 할머니라면 응당 그래야 한다는 주변의 기대와 달리 손자가 아닌 피해자인 희진에게 충실하기로 선택하는 것이다. 그리고 시작詩作을 통해 희진이라는 완전한 타자를 만나고 그의 삶과 죽음을 애도한다. 그에게 말이란 내가 사라지고 있음을 확인하는 상실의 공간이자 타자를 끌어안아 그에게로 녹아드는 제의의 공간이다.

영화의 마지막을 장식하는 미자의 시 〈아녜스의 노래〉는 이 빈곤한 세계에서 시가 무엇을 해야 하는지 선선하게 답한다. 시의 임무란 어쩌면 불충과 충실의 기예를 선보이는 것일지도 모른다고. 우리로 하여금 침묵하게 했던 익숙한 법에 불충하고, 들리지 않았던 목소리, 보이지 않았던 존재를 드러내고 대면하게 하는 사건들에 끝까지 충실하기 위해 노력하는 것. 그렇게 변화를 가져오기 위해 분투하는 것이야말로 시가, 영화가, 그리고 예술이 해야 하는 일 아니겠냐고.

그리하여 지금, 여기에서 가장 시적인 것은 무엇일까? 어떤 이들이 '예술혼'이라는 변명으로 지키고 싶어 하는 그 이름들이 아닌 것만은 분명해 보인다.

2018. 2. 20.

─── 최근 몇 년 동안 예능의 최강자는 역시 먹방과 쿡방이었다. '푸드 포르노'라는 일부 평자들의 힐난에도 불구하고 이런 음식 예능의 인기는 수그러들지 않았다. 개인적으로 음식 예능에 큰 흥미를 가지지 못했던 건 이 장르가 '남성들만의 리그'였기 때문이다.

아프리카TV 등 온라인에서 인기를 끌기 시작한 먹방이 공중파와 케이블로 넘어와 자리 잡기 시작한 것은 2008년 〈식신원정대〉(MBC)로 거슬러 올라갈 수 있다. 누가 더 많이 먹나를 경쟁적으로 과시하면서 인기를 끌었던 온라인 방송의 콘셉트가 주류 방송으로 옮겨오면서, 먹방은 많이 먹는 남자들에 더 집중했다. 이후 음식 예능의 인기가 서바이벌 리얼리티 쇼 열풍과 만나면서 쿡방의 시대가 열린다.

서바이벌 쿡방은 요리의 세계란 칼을 휘두르고 불을 다루는 '남성화된' 세계라는 인식을 보편화시켰다. 〈한식대첩〉(tvN) 같은 걸출한 예외를 빼면, 요리 서바이벌은 남자들의 향연이었다. 덕분에 일상적인 요리 노동이 여전히 여성의 영역으로 남겨져 있었던 것과 대조적으로 '프로페셔널 셰프=남성'이라는 도식이 대중들의 머릿속에 자리 잡는다.

골목 상권을 위협한 것으로도 비판을 받았던 요식업계의 대부 백종원과 맛 칼럼니스트 황교익의 부상 역시 이런 흐름과 함께했다. 이들은 자신의 입맛을 보편 입맛으로 등록하고 다양한 음식문화 속에서 스스로 기준이 되려고 했다는 점에서 '푸드 엘리티즘'이라고 할 만하다.

그렇게 '생존경쟁'과 '위로' 사이 어딘가에 존재했던 음식 예능은 남성의 얼굴로 그려졌다.

이런 와중에 새로운 음식 예능 〈밥블레스유〉(Olive)가 시작됐다. 최화정, 이영자, 송은이, 김숙. 결혼하지 않은 네 명의 중년 여성이 출연해 크게 웃고, 크게 말하고, 크게 먹는 먹방이다. 지금까지 총 세 편이 방영되었는데 매 회가 흥미진진하다.

1편은 〈밥블레스유〉 홍보물 촬영 현장을 배경으로 네 사람의 전문가적 면모를 보여줬다. 방송 경력을 다 합치면 100년을 가볍게 넘기는 이들은 자신이 무엇을 잘하는지 정확하게 알고 있는 베테랑들이다.

여기서 단연 빛난 것은 '새싹 피디' 송은이였다. 그는 남성 중심 예능에서 설 자리가 없어졌을 때 팟캐스트 〈비밀보장〉을 시작하면서 스스로 우물을 판 직업인이자, 자신의 여성 네트워크를 제작 자원으로 끌어올 수 있는 방송인이면서, 동시에 새로운 시작을 두려워하지 않는 모험가다. 나는 송은이의 머리 위로

솟아난 초록 잎사귀를 멈추지 않는 도전의 표지로 읽는다. 그리고 그 잎사귀에는 곧 꽃이 필 것이다.

2편은 최화정의 집에서 펼쳐진다. 최화정은 싱글 여성의 생활 요리를 선보였는데, 일상적인 돌봄노동에 능숙한 사람들의 먹방이 쿡방을 겸하게 되는 것은 어쩌면 자연스러운 일이다. 그의 요리는 '여성=어머니=돌봄노동'의 회로에서 벗어나 있지만, 그 노동이 즐거움이자 생명을 보살피는 일일 수 있음을 보여준다.

3편에서는 김숙의 마포 맛집 안내가 이어졌다. 지금까지 맛집 안내란 "바깥 생활에 능숙한 지갑을 가진 남자"들의 몫이었음을 생각하면, 전문직종에 종사하는 여성으로서 동네 맛집 달인의 면모를 빛내는 김숙의 리드는 그야말로 '가모장숙'다운 퍼포먼스였다.

〈밥블레스유〉의 관심사는 '무엇'을 먹을 것인가뿐만 아니라 '누구와 어떻게' 먹을 것인가에 맞춰져 있다. 그리고 그 '누구와 어떻게'에 오랜 시간 속에서 축적된 것들이 스며든다. 우정, 추억, 역사, 삶의 지혜, 그리고 넉넉한 마음. 여기에는 오랫동안 일해온 여자들의 경제력 역시 포함된다.

〈밥블레스유〉는 기존의 남성 중심적 푸드 포르노의 지리멸렬한 관습을 뒤집었다. 이 신선한 음식 예능에는 심장 쫄깃한 경쟁도 가혹한 평가도 없다. 특히 이영자가 읊조리는 맛에 대한 코멘트는 즐거운 농담이자 경쾌한 노래인데, 남성 푸드 엘리티

즘과 달리 지식을 과시하기보다는 그 순간의 즐거움을 나누려 하기 때문이다.

그리하여 2018년에 이르러서야 비로소 브라운관 속 '밥'이 '집밥'이나 '엄마밥'이라는 판타지를 거둬내고 우리를 축복하기 시작하는 것은 아닐지, 기대하게 된다.

2018. 7. 10.

── 여성혐오를 예술로 포장할 수 있었던 시대는 이제 저물고 있는 것 같다. 안티 페미니스트 레토릭을 읊조리다 공연이 중단되고 말았다는 래퍼 산이의 '웃기고도 슬픈 에피소드'는 이를 잘 보여주는 증거가 아닐까. 이제는 창작의 원천으로 페미니즘 인식론을 참고할 때다.

강의 중에 종종 이런 질문을 받는다. "시나리오를 쓰고 있는데 어떻게 하면 페미니즘적인 캐릭터를 만들 수 있나요?" 나는 100점짜리 페미니스트 캐릭터의 전형이 있다고 생각하지는 않는다. 그보다는 캐릭터와 이야기, 영상언어 등을 진부하지 않게 구성하고 조합해내는 페미니스트 상상력이 중요하다. 예컨대 나는 OCN 드라마 〈라이프 온 마스〉(이하 〈라온마〉)가 페미니스트 관점에서 보았을 때 꽤 흥미로운 작품이라고 생각한다.

〈라온마〉는 2018년 서울을 살던 형사 한태주(정경호)가 우연한 계기로 1988년 인성시에 떨어지면서 벌어지는 이야기를 따라간다. 이 작품은 〈응답하라 1988〉(2015~2016, tvN), 〈살인의 추억〉(2003)과 함께 1980년대를 회고하는 대중서사로 주목할 만했다. 다만 〈라온마〉는 다른 작품들과 달리 페미니스트 관점을 넣으면서 1980년대를 조금 다르게 그려낸다.

〈응답하라 1988〉이 나왔을 때, 어떤 시청자들은 "그리운 1980년대 마을 공동체"를 보여준다며 반가워했다. 하지만 어떤 여성들은 "그 공동체는 옆집 아저씨가 아무렇지도 않게 우리 집에 들어와 낮잠 자고 있던 내 다리를 만지던 공동체였다"라고 말한다. 사람들이 그리워했던 '어머니 따듯한 밥 지으시고, 아버지 우리를 위해 열심히 일하시며, 온 마을이 서로 돕고 사는 공동체'란 기실 여성을 비롯한 다양한 소수자에 대한 폭력이 당연하고 자연스러운 일로 통용되는 야만의 시공간이기도 했다.

〈라온마〉는 1980년대를 폭력과 무질서의 시대로 다루고, 동시에 2018년의 인간과 1988년의 인간 사이에 존재하는 인식차를 통해서 그 힘이 명백하게 젠더화되어 있었음을 폭로한다. 2018년의 인간인 한태주에게 스토킹 범죄는 "성폭력"이지만, 1988년을 쭉 살아온 남자 형사들에게는 "사랑이란 이름으로 남자가 여자에게 할 수 있는 일"이다. 혹은 한태주에게 함께 일하는 여성 동료는 "윤 순경"(고아성)이지만, 다른 형사들에게는 "미스 윤"인 것이다.

〈라온마〉는 이런 사소해 보이는 디테일을 살리면서 지난 30년간 여성운동을 비롯한 다양한 사회진보운동이 만들어온 한국사회의 인식 변화를 세밀하게 포착한다. 어떤 이는 "도대체 한국 페미니즘이 한 것이 뭐가 있냐?"라고 질문할 것이다. 그러나 한국 페미니즘은 적어도 무엇이 폭력인지 밝히고 또 그와 싸워왔다. "당신과 함께 일하는 여성 동료는 그저 커피 타는 미스 윤"이 아님을 말해왔음은 물론이다. 그런 역사가 있었기 때문에 누군가에게 2018년은 "농담 한마디 편하게 할 수 없는 세상"이 되었지만, 누군가에게는 겨우 만들어낸 변화 가능성의 시대가 된다.

1980년대를 "강간의 왕국"이자 지옥으로 포착하는 대표적인 작품은 〈살인의 추억〉일 것이다. 하지만 〈살인의 추억〉에서 여자는 그저 누군가의 애인이거나 딸, 피해자일 뿐이고, 남자 형사의 정의감에 불을 지피기 위해 시체가 되어 사라지는 '각성의 매개'일 뿐이었다.

〈살인의 추억〉에서 대상의 자리에 머물렀던 여성은 〈라온마〉에 와서야 드디어, 그를 끊임없이 무의미한 존재로 격하시키는 사회적 조건 속에서도 고군분투하는 여성 경찰, 자신의 피해 사실을 진술하는 피해자, 어떻게든 살아남으려고 몸과 머리를 쓰는 얼굴 있는 존재가 된다.

〈라온마〉가 페미니스트 작품의 교본이라는 것은 아니다. 이 드라마에서 주인공은 여전히 아버지의 상실을 극복하고 어른으로 성장해야 하는 남성 청년이고, 유일한 여자 주인공의 주요 행동 동기는 그 영웅에 대한 사랑이다. 하지만 〈라온마〉가 지금/여기를 사로잡고 있는 관습적인 상상력과 타협하고 교섭하면서 다른 진부한 남성 드라마들과 달리 '한 끗의 차이'를 만들어낸 것만은 분명하다. 그리고 그 한 끗의 차이는 역시 페미니스트 상상력 덕분에 가능했다.

2018. 12. 4.

────── 기해년이 밝았다. 노란 돼지의 해라니, 제일 좋아하는 돼지 이야기를 하나 풀어놓을까 한다. 에코 페미니스트인 마리아 미즈가 《자급의 삶은 가능한가》라는 책에서 소개하고 있는 '어머니와 암퇘지'라는 일화다.

1945년 초, 제2차 세계대전이 끝나갈 무렵. 농부의 딸이었던 미즈는 독일 아이펠의 서쪽 마을에 살고 있었다. 당시 마을은 먹을 것과 온정을 구걸하는 독일 패전병들로 가득 차 있었다. 어머니는 매일 저녁 수프를 끓이고 감자를 삶아 그들을 거둬 먹였다. 미즈의 다섯 오빠는 모두 집을 떠나 참전 중이었다.

패색이 짙어지자 마을 사람들은 좌절했다. 더 이상 아무도 씨를 뿌리지 않고, 집마다 암소와 돼지는 다 도살당했다. 모두가 무기력하게 종전만을 기다리고 있을 때, 미즈의 어머니는 암퇘지 한 마리를 이웃 마을의 수퇘지에게 데려갔다. 마을 사람들은 어차피 다 망하게 생긴 마당에 쓸데없는 짓을 한다며 어머니를 비웃었다. 그러나 어머니는 그 비웃음에 이렇게 답했다. "삶은 지속된다."

5월이 되자 영원할 것만 같았던 전쟁이 끝났다. 다섯 오빠는 집으로 돌아왔고, 미즈네 암퇘지는 열두 마리의 새끼를 낳는다. 마을에 살아남은 유일한 새끼 돼지들이었다. 어머니는 전쟁터에서 돌아온 다섯 아들과 가족을 위해 새끼 돼지를 생필품과 맞바꾸었다.

이야기의 끝에 미즈는 이렇게 질문한다. "그렇게 삶은 계속되었지만, 과연 이 삶이 저절로 계속된 것이었을까?" 이어서 덧붙인다. "어머니는 그냥 그 자리에 앉아 신이 알아서 해줄 것이라며 기도만 하고 있지 않았다. 어머니는 삶을 지속하기 위해서는 행동해야 하고, 항상 자연과 협력해야 한다는 사실을 알고 있었다. 어머니는 삶을 지속하기를 원한다면 삶에 대한 책임도 같이 짊어져야 한다는 것을 알았다. 어머니와 여성들은 일상생활의 책임을 어깨에 짊어져왔다."

기대와 희망이 무너져 내린 광장의 폐허를 돌아보며 세상이 망했다고 한탄하면서 시류에 떠밀려가는 것은 언제나 쉽다. 무엇보다 어렵지만 변화를 가능하게 하는 일은 당장 잡아먹어도 부족할 돼지를 부득부득 먹이고 키워내는 일이다. 전쟁 같았던 2018년을 마무리하고 아직도 가야 할 길이 멀어 보이는 2019년을 맞이하면서, 그럼에도 불구하고 계속되는 삶을 위해 돼지를 키우는 그 마음에 대해서 생각한다.

모두가 파국을 말하는 시대, 아니 파국과 리셋을 오히려 꿈꾸는 시대에 우리는 "대안은 없다"는 체념에 빠질 것이 아니라 우리의 삶을 구체적으로 바꾸어나갈 다른 방식을 준비해야 한다. 이미 경험에서 배운 것처럼 파국은 공평하게 닥쳐오지 않고, 리셋은 가진 자에게 더 유리할 뿐이므로.

미즈는 위의 책에서 자본주의의 상품순환 구조 외부에서 지속하는 '자급의 삶'을 대안으로 제안했다. 욕심내지 않고 자연이 허락한 만큼 거두면서, 직접 키우고 나눠 먹는 삶. 나는 좀 더 다양한 대안이 있을 수 있다고 믿는다. 미즈가 말하는 '돼지'를 '우리의 삶을 바꾸는 새로운 상상력과 구체적인 실천'이라는 의미로 해석하는 이유다. 그리고 '돼지'를 품은 사람을 만날 때마다 스스로를 돌아보게 된다. 나는 과연 잘 살고 있는가.

그런 의미에서 최근에 본 〈어른이 되면〉(2018)은 무거운 질문과 설레는 희망을 함께 준 다큐멘터리였다.

이 작품은 장혜영, 장혜정 자매가 함께 살아가는 '일상'을 따라간다. 장애를 이유로 17년 동안 시설에서 지냈던 혜정 씨와 함께 살기 위해 언니 혜영 씨는 돈을 벌고, 집을 구하고, 장애에 대해 공부하고, 가족을 설득하고, 자신의 동료들이 혜정 씨와 익숙해질 시간을 만들었다. 시설 밖이 낯설었던 혜정 씨 본인이 탈시설을 결정하는 데까지만도 1년의 시간이 걸렸다. 혜영 씨만큼이나 혜정 씨도 다른 것을 꿈꾸고 실천할 준비가 필요했던 셈이다. 그리고 그의 시설 밖 일상이 스크린과 SNS에 등장하자, 이 사회에는 또 다른 균열이 생기기 시작했다. 세상은 그렇게 바뀌어간다.

2019년 노란 돼지의 해. 누구나 하나쯤, 자신만의 돼지를 가슴에 품는 시간이 열리기를 기도한다.

2019. 1. 1.

———— "왜 영화에서는 '혁명-이후'를 다루지 않을까?" 나는 종종 생각한다. 특히 봉준호 감독의 〈설국열차〉(2013)처럼 노골적인 혁명 서사를 보고 난 후에는 복잡한 심경에 사로잡힌다.

〈설국열차〉는 기상 이변으로 모든 것이 꽁꽁 얼어붙은 근 미래를 배경으로 한다. 이 세계에서 살아남은 건 무한동력엔진 을 장착한 윌포드 트레인에 올라탄 사람들과 생명체들뿐이다. 영화에서 멈추지 않는 기차는 폭주하는 자본주의에 대한 은유 로 해석되었다. 기차에서의 삶이 철저하게 구획된 계급사회로 그려졌기 때문이다.

영화는 기차 안에서 벌어지는 두 개의 혁명을 따라간다. 하나는 '엔진 칸'을 탈취하려는 '꼬리 칸' 빈곤계급의 봉기이고, 다른 하나는 아예 기차 옆구리를 터뜨려 기차 밖으로 나가고자 하는 반체제 혁명이다. 꼬리 칸 사람들은 기차 외부로 나가면 얼 어 죽을 것이라고 생각하지만, 옆구리를 터뜨리고자 하는 이들 은 바깥세상, 즉 자본주의의 외부야말로 진정한 해방의 공간이 라 믿는다.

영화의 끝에 기차는 전복되고, 어린 소녀와 소년만이 살아남아 따뜻한 햇살 아래에서 북극곰을 발견한다. 이제 설국의 시대는 끝났다. 이브와 아담은 자본주의-이후라는 새로운 세계를 열어갈 것이다. 봉준호 감독은 마지막 장면에서 희망을 그리고자 했다고 말했다.

하지만 결말에 대한 해석은 분분했다. 대중은 그들이 북극곰에게 잡아먹혔을 것이라는 농담을 퍼뜨렸고, 한 평론가는 북극곰은 소녀의 환각에 불과하다고 썼다. 그들은 결국 기차 밖에서 얼어 죽었을 거란 말이다. 이런 낄낄거림은 혁명의 불가능성을 맹신하는 시대의 좌절과 냉소를 잘 보여준다.

나는 좀 다른 이유에서 〈설국열차〉의 해피엔딩에 동의할 수 없었다. 영화는 혁명이 성공하고 체제가 내파된다면 우리가 '순백의 공간'에서 새롭게 시작할 수 있을 거라고 말한다. 그러나 과연 그럴까?

무엇보다 생존자가 소녀와 소년, 둘뿐이라는 결론은 안일하다. 도끼와 총을 가진 자는 물론이거니와, 기술이나 정보를 가진 자, 야비한 자와 그렇지 않은 자 등, 다양한 존재가 살아남았을 것이라는 예상이 오히려 현실적이다.

그러므로 기차의 내파 이후에 시작되는 것은 한정된 자원을 둘러싼 생존자들 사이의 분배 투쟁일 터다. 그리고 만약 그들이 설국열차에서처럼 생각하고 욕망하고 행동한다면, 이 싸움이야말로 피비린내 나는 '만인 대 만인의 투쟁'이 되지 않겠는가?

대중영화가 혁명까지의 과정을 묘사하기는 쉽지만, 그다음을 설득해내기 어려운 건 아마도 이 탓일 것이다. 이런 상상력 안에서 혁명은 그저 스펙터클로 소비되어 휘발될 뿐이다.

사실 영화를 에둘러 길게 말할 필요도 없다. 우리에겐 이미 경험이 있기 때문이다. 2016년 촛불을 통해 대한민국 국민은 국가 최고 권력자를 권좌에서 끌어내렸다. 그래서 어떤 이들은 이를 '혁명'이라고 부른다. 안타깝게도 '촛불 혁명' 후, 세상은 여전히 제자리걸음인 것 같다. '먹고사니즘'과 '내로남불' 운운이 최저임금 인상이나 노동시간 단축, 선거제 개편 등 중요한 개혁 의제를 삼켜버린 것은 일상을 지탱하는 습⁰이 그토록 무서운 까닭이다. 그러므로 습을 바꾸는 것이야말로 지속되는 과정으로서의 혁명이자 혁명-이후다.

다행히도 혁명-이후를 보여주는 빛나는 순간들도 있었다. 66년 만의 낙태죄 폐지도 그중 하나다. 낙태죄와 모자보건법에 대한 헌법 불합치 선고는 페미니스트를 비롯한 수많은 민주 시민이 함께 이룩해온 사회의 질적 변화가 아니었다면 불가능했을 '습의 전환'이다. 여성을 자궁으로 치환하여 국민 재생산의 메커니즘 아래 복속시키고, 생명을 우생학적 관점에서 등급을 매겨 관리했던 오래된 관습은 이제 역사의 뒤안으로 떠밀려 내려가고 있다.

임신 주수에 집중해서 "허락할 낙태와 불허할 낙태"를 법으로 정하려는 움직임은 낙태죄 위헌 선고를 '혁명'이라는 스펙터클로 박제하여 그 생명력을 박탈하는 효과를 초래할 뿐이다. 혁명-이후를 그리지 못하는 영화처럼 되지 않기 위해 이제 한국 사회가 해야 할 것은, 낙태죄 폐지 운동의 성과와 의의를 일상의 습으로 만들어가는 일이다.

2019. 4. 23.

─── 열 살이 채 되기 전에 TV에서 본 개그 프로그램의 콩트가 아직도 기억난다. 아니, "기억난다"기보다는 "잊혀지지 않는다"에 가까울 것 같다. 내용은 이랬다.

옛날 옛날 한 옛날에. 한 마을의 돈 많기로 유명한 부잣집 딸내미가 덩치 크고 못나기 그지없는데, 그게 또 외동인지라 오냐오냐 자라 버릇도 엉망진창이었다. 그러니 혼기가 차도록 데려가겠다는 남자 하나가 나서지를 않아 부모의 걱정이 이만저만이 아니었다. 만석꾼은 누구든 딸을 데려가기만 하면 큰돈을 물려주겠다고 공언한다. 이에 가난하지만 영민한 총각이 찾아와 그 천방지축을 기꺼이 아내로 맞는다.

이 정도였다면 아직까지 잊히지 않을 이유가 없다. "혼기가 찬 딸을 치워버리려는 부모들의 이야기"란 동서고금을 막론하고 흔해 빠진 이야기가 아닌가. 어린 나에게 큰 인상을 남겼던 (그래서 실제로는 겁먹게 했던) 이야기는 지금부터 시작이다.

청년이 말괄량이 뚱보를 신부로 맞아들였다는 소문이 퍼지자 친구들이 그를 놀려먹기 위해 신혼집으로 찾아온다. 기도 못 펴고 살고 있을 것은 물론이거니와 "맞지나 않으면 다행이지" 하면서 낄낄거린다. 아니, 그런데! 이게 무슨 일인가? 신혼집에서 마주친 새 신부가 어찌나 고분고분하고 말을 잘 듣는지, 놀랄 노 자다. 심지어 행실이 고와지니 추하기 그지없던 얼굴도 어딘가 고와 보인다.

친구들은 궁금함을 참지 못하고 새신랑에게 묻는다. "대체 뭘 어떻게 한 건가?" 새신랑은 빙글빙글 웃으며 답한다. "첫날밤에 술을 진탕 먹여 곯아떨어지게 한 뒤, 이불에 물을 엎어버렸지." 신혼 첫날에 이불에 오줌을 지린 줄 안 신부는 부끄러움에 바들바들 떨고, 동네방네 소문을 내겠다고 설치는 신랑 앞에 무릎을 꿇고 만다. "비밀만 지켜주신다면 평생 하늘처럼 받들며 순종하겠어요."

객석에서는 웃음이 터졌다. 그리고 뚱뚱하고 거침없는 여자아이였던 나는 큰 깨달음을 얻었다. 이 세계에서 여자의 활기는 부덕이 되고, 남자의 야료는 재기才氣가 된다는 것을.

과거에는 이런 종류의 민담이 각종 판본으로 전국을 떠돌아다녔다. 어떤 판본에서는 "박색인 주제에 성질머리가 보통이 아닌 것까지는 참았는데, 여성 상위 체위woman on top로 하늘 같은 남편을 짓누르는 것만은 도저히 참을 수 없었"던 남자가 등장한다. 그는 친구를 시켜 아내를 유혹하게 한 뒤 불륜 현장을 덮쳐 몽둥이로 뚜들겨 버릇을 고쳤다고 자랑한다.

뭐가 됐든 '제멋대로인 여자'를 길들이는 이야기에서 여자들은 뚱뚱하고, 시끄럽고, 많이 먹고, 욕심 사납고, 음탕하며, 움직임이 크다. '여성 상위 체위'가 상징하는 것처럼 허락되지 않은 자리로 기어올라가 남자 위에 군림하는 존재들.

이 여자들은 성적 위계를 뒤집기 때문에 무질서를 초래하고, 스스로 중성성을 드러내면서 사회의 젠더 이분법을 비웃는다. 절제와 순종의 미덕에서 아무런 가치를 찾지 않으며, 걸걸한 입담을 자랑하고 스스로 농담이 된다. 자유롭게 나이 들었기 때문에 때때로 세상이 허락하지 않은 지혜를 지녔다. 그들은 좁은 공간을 깨고 자신을 기꺼이 확장시킨다. 큰 몸, 큰 입, 큰 목소리, 큰 성기는 그 확장성의 증거이기 때문에 이미 위협적이다.

그러므로 이런 여자들을 감당하지 못하는 사회는 그들을 '길들이는' 각양각색의 이야기들을 상상한다. 그렇게 그들을 낄낄거림의 소재로 격하함으로써 힘을 빼앗아 가능성을 축소시키는 것이다. 나는 그 콩트에서 사지를 흔들며 무대를 활보하던 '위풍당당한 못난이'가 남편의 거짓말에 속아 두 손을 다소곳하게 모으고 종종거리며 걷는 '온순한 새 신부'가 되었을 때, 그가 활용할 수 있는 공간이 얼마나 좁아졌는지 생생하게 묘사할 수 있다.

이 오래된 기억이 떠오른 건 〈걸캅스〉(2018) 때문이었다. 이 영화 속 길들여지지 않은 여자들은 타협과 도발의 경계를 넘나들면서 스스로 농담이 된다. 그리고 웃음이 쌓여갈수록 그들이 활보하는 공간은 넓어지고, 그들이 던지는 메시지는 무게감을 더해간다. 그야말로 '우먼 온 탑'의 활개 덕분에 오랜만에 크게 웃었다. 더 많은 분들이 이 즐거움을 느껴보시길 바란다.

2019. 5. 21.

───── 추석이 눈앞으로 다가왔다. 밥상을 위로 오고갈 답 없는 설전을 어째야 할지, 벌써부터 골치 아픈 분들도 계시겠다. 내 코도 석 자인 마당에 가족 간의 정견 차를 피해갈 묘안을 제안하기는 어렵고, 오늘은 독자들께 추석 연휴 기간 중 즐기실 만한 영화 몇 편을 소개해드릴까 한다.

우선 화제작인 윤가은 감독의 〈우리집〉(2019)과 김보라 감독의 〈벌새〉(2018)부터 챙겨 보시면 좋겠다. 두 작품 모두 4만 명 정도의 관객을 극장가로 유혹했다.◆ 쌍 천만 시대에 4만이라니. 별일이 아닌 듯하지만, 실제로 한 작품이 2,000개 이상의 스크린을 점유하기도 하는 독과점의 시대에 단 몇 십 개의 스크린으로 짧은 기간에 이 정도 관객을 모으는 건 쉽지 않다. 그야말로 입소문이 대단하다는 의미다.

두 작품 모두 '어른 없는 시대, 아이들의 초상'을 다룬다. 흥미롭게도 최근 여성 감독이 연출한 주목할 만한 '작은 영화'들

◆   2020년 1월 26일 기준으로 〈우리집〉은 5만 6,000명, 〈벌새〉는 14만 5,000명을 동원했다.

244

중에 이런 영화가 꽤 있다. 윤가은의 전작 〈우리들〉(2015)을 비롯하여, 김인선의 〈어른도감〉(2017), 차성덕의 〈영주〉(2018), 안주영의 〈보희와 녹양〉(2019), 그리고 유은정의 〈밤의 문이 열린다〉(2019)가 그 작품들이다.

이 영화들에서 어른들은 부재하거나, 가시밭길 위에서 분투하느라 주위를 살필 여력이 없다. 자신의 선택과 행동에 책임을 지고, 지혜와 자원을 나눠주는 존재로서의 '어른'은 잘 보이지 않는다. '때때로 기댈 수 있는 어른'이라는 최소한의 안전망도 없이, 아이들은 어떻게든 스스로 자라야 한다.

사실 한국영화에서 '어른'을 못 본 지는 좀 됐다. 30~40대 이상의 남자 배우들이 스크린을 독식하고 있는데, 왜 어른은 없을까? 그 남자들은 이유를 알 수 없이 화가 나 있거나, 보고 있기 처량한 나르시시즘에 빠져있거나, 세계를 태우고 파괴하느라 바쁠 뿐, 누구 하나 인간으로서 성숙하기 위해 노력하지 않는다.

이뿐만 아니라 그들은 자신의 억울함에 대해서 말고는 어떤 질문도 던지지 않는다. 그러므로 오직 속물의 인정투쟁만이 스크린을 가득 채운다. "나한테 왜 그랬어요?"라는 대사가 그토록 인기가 있었던 건, 그 말이 한국영화의 시대정신을 대변했기 때문인지도 모르겠다.

최근 한국영화에서 가장 인상적인 어른은 〈소공녀〉(2017)의 미소였다. 자신이 원하는 바를 알고 있고 그것을 찬찬히 추구하는 존재로서, 미소는 이미 성장을 끝낸 사람이다. 아등바등

사는 친구들에게 기댈 어깨를 내어줄 수 있는 건 그가 어른이기 때문이다.

이 영화를 연출한 전고운 감독은 한 인터뷰에서 캐릭터의 성장에 관심이 없다고 말했다. 나는 그가 성장서사를 배제함으로써 그 어떤 작품보다 분명하게 "성장이란 무엇인가?"라는 질문에 답하고 있다고 생각한다. 성장은 사회가 정해준 '어른의 규격'에 스스로를 맞추는 것이 아니라, 마음을 들여다볼 준비가 되었을 때 비로소 시작되는 것이다. 나의 마음이든, 당신의 마음이든 말이다.

성장이란 홀로서기가 아니라 세계와 기꺼이 함께 서겠다는 용기 속에서 가능해진다. 위에서 언급한 영화들은 그 용기에 대해 이야기한다. 우리가 만약 나이만 찬 상태로 성숙하지 못한다면, 결국은 〈밤의 문이 열린다〉의 혜정처럼 죽은 뒤에야 자라기 시작할지도 모르겠다. 무심히 흘려보낸 순간들 때문에 벌어진 일들을 바로잡기 위해 하루하루를 거슬러 올라가면서.

작은 사람들의 시간은 하찮은 것이라고들 여긴다. 하지만 과연 다 큰 남자들끼리 몰려다니면서 술 마시고 주먹질하는 권모술수의 스펙터클과 비교해 이 뜨거운 성장의 순간들을 사소하다고 할 수 있을까? 우리는 그동안 무엇을 볼 만한 이야기라고 생각해왔는가? 이런 이야기의 편향이야말로 한 장관 후보자를 둘러싼 갑론을박에서 봤던, 본인의 일상은 나 몰라라 해도 국가의 큰일은 건사할 수 있다는 그 허황된 믿음과도 연결되어 있지 않나.

　　스포일러 없이(!) 일곱 편의 영화를 소개했다. '몰아 보기' 하시기를 권한다. 각각의 작품들이 모여 좋은 질문을 품은 반짝이는 영화적 우주가 형성될 수도 있을 테니까.

2019. 9. 10.

다시, 쓰는, 세계

초판 1쇄 펴낸날 2020년 2월 24일
지은이 손희정
펴낸이 박재영
편집 이정신·임세현
마케팅 김민수
디자인 조하늘
제작 제이오
펴낸곳 도서출판 오월의봄
주소 경기도 파주시 회동길 363-15 201호
등록 제406-2010-000111호
전화 070-7704-2131
팩스 0505-300-0518
이메일 maybook05@naver.com
트위터 @oohbom
블로그 blog.naver.com/maybook05
페이스북 facebook.com/maybook05
인스타그램 instagram.com/maybooks_05

ISBN 979-11-90422-25-3 03300

이 도서의 국립중앙도서관 출판시도서목록(CIP)은 e-CIP홈페이지(http://nl.go.kr/ecip)와
국가자료공동목록시스템(http://www.nl.go.kr/kolisnet)에서 이용하실 수 있습니다.
(CIP 제어번호 : CIP2020005644)

책값은 뒤표지에 있습니다. 잘못된 책은 바꾸어 드립니다.

만든 사람들
책임편집 임세현
디자인 들토끼들